お仕事さくいん

公務員や安全・法律を守るお仕事

はじめに

皆さんは、世の中にどんなお仕事があるか知っていますか？
また、すでにやりたいお仕事が決まっている方もいるかもしれませんね。
この本では、警察官や消防士、検察官、裁判官、都道府県職員などの公務員や、安全や法律を守る仕事を幅広く集めて、そのお仕事の説明やどのようなお仕事なのかについて知ることができる本を紹介しています。
タイトルにある「さくいん」とは、知りたいものを探すための入り口のことです。
本のリストから、興味のあるものや、図書館で見つけたものを選んで、「なりたい」仕事を考えるヒントにしてください。
皆さんがこの本を通じて、さまざまな仕事の世界に触れ、未来への第一歩を踏み出すお手伝いができることを願っています。

DBジャパン編集部

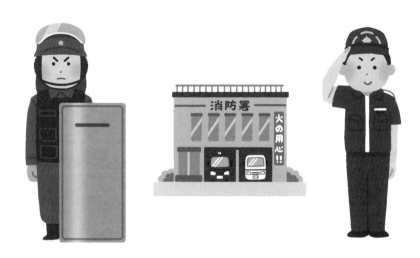

この本の使い方

　　　　　　　　　　　公務員や安全・法律を守る
　　　　　　　　　　　お仕事や知識の名前です。

1 暮らしや安全を守る仕事

自衛隊員

日本を守るために働く仕事で、地震や台風などの災害が起きたときには、人々を助けるために駆けつけます。例えば、被災地に食べものや水を運んだり、けがをした人を助けたりします。また、日本の海や空を守るために、船や飛行機を使って見張りをしたり、トラブルが起きたときに対応したりします。自衛隊員は、日々トレーニングをして体を鍛えたり、チームで協力して問題を解決するための練習をしたりしています。人々の生活や日本の平和を守るために大切な仕事をしているのです。

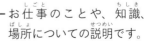

　　　　　　　　　　　お仕事のことや、知識、
　　　　　　　　　　　場所についての説明です。

▶お仕事について詳しく知るには

「安全を守る仕事：写真とイラストでよくわかる！4（自衛隊）」 国土社編集部編　国土社　2010年3月【学習支援本】

▶お仕事の様子をお話で読むには

「名探偵コナン艶海の探偵（プライベート・アイ）」 水稀しま著：青山剛昌原作：櫻井武晴脚本　小学館ジュニアシネマ文庫　2013年4月【児童文学】

「US1A RESCUE FLYING BOAT STORY：飛行艇物語」 二階堂裕作：佐藤元信絵　エスエスシー出版　2018年12月【児童文学】

「ヤングガン・カルナバル グッドバイ、ヤングガン」 深見真著　徳間書店【Tokuma novels edge】 2010年10月【ライトノベル・ライト文芸】

「疾走する思春期のパラベラム 君に愛を、心に銃を」 深見真著　エンターブレイン（ファミ通文庫） 2011年6月【ライトノベル・ライト文芸】

「フルメタル・パニック！アナザー 3」 賀東招二原案・監修：大黒尚人著　富士見書房（富士見ファンタジア文庫） 2012年3月【ライトノベル・ライト文芸】

「君が衛生兵（ナース）で歩兵が俺で」 篠山半太著　PHP研究所（スマッシュ文庫）　2012年6月【ライトノベル・ライト文芸】

「ヤングガン・カルナバル 11（グッドバイ、ヤングガン）」 深見真著　徳間書店（徳間文庫） 2013年2月【ライトノベル・ライト文芸】

　　　　　　　　　　　そのお仕事について書か
　　　　　　　　　　　れた本に、どのようなもの
　　　　　　　　　　　があるのかを紹介してい
　　　　　　　　　　　ます。

　　　　　　　　　　　そのお仕事の様子が物語
　　　　　　　　　　　で読める本に、どのような
　　　　　　　　　　　ものがあるのかを紹介し
　　　　　　　　　　　ています。

本の情報の見方です。
「本の名前/書いた人や作った人の名前/出版社/出版された年月【本の種類】」

この本は、公務員や安全・法律を守る主なお仕事を紹介していますが、全部の種類のお仕事が入っているわけではありません。また、本のリストもすべてのお仕事に入っているわけではありません。

目次

1 暮らしや安全を守る仕事

消防士 ——————————————— 10

特別救助隊、レスキュー隊 ——————— 13

消防署 ——————————————— 14

自衛隊員 —————————————— 16

海上保安官 ————————————— 18

保健師 ——————————————— 19

救急救命士、救急隊員 ————————— 20

監察官 ——————————————— 21

警察官、刑事 ———————————— 22

SP ———————————————— 33

機動隊 ——————————————— 34

皇宮護衛官 ————————————— 35

麻薬取締官 ————————————— 35

刑務官 ——————————————— 36

検視官 ——————————————— 36

刑務所 ——————————————— 37

航空管制官 ————————————— 38

税関職員 —————————————— 39

科学捜査官 ————————————— 40

けいさつしょ
警察署 ————————————————————————————— 41

にゅうかんしょくいん
入管職員 ———————————————————————————— 42

2 国や地域にかかわる仕事

せいじか　ぎいん　だいじん
政治家、議員、大臣 ————————————————————— 44

ふ　しょうちょうしょくいん
1府12省庁職員 —————————————————————————— 46

がいこうかん　がいむせんもんしょく
外交官(外務専門職) ——————————————————— 48

こくぜいせんもんかん
国税専門官 ———————————————————————————— 49

ざいむせんもんかん
財務専門官 ———————————————————————————— 49

しゅうぎいん　さんぎいんじむきょく
衆議院/参議院事務局 —————————————————— 50

しゅうぎいん　さんぎいんほうせいきょく
衆議院/参議院法制局 —————————————————— 50

しょくひんえいせいかんしいん
食品衛生監視員 —————————————————————— 51

きしょうよほうかん
気象予報官 ———————————————————————————— 52

ろうどうきじゅんかんとくかん
労働基準監督官 —————————————————————— 53

こくさいこうむいん
国際公務員 ———————————————————————————— 54

たいしかんしょくいん
大使館職員 ———————————————————————————— 54

こっかこうむいん
国家公務員 ———————————————————————————— 55

ぞうへいきょく
造幣局 ————————————————————————————————— 56

こうせいとりひきいいんかい
公正取引委員会 —————————————————————— 56

こっかいぎじどう
国会議事堂 ———————————————————————————— 57

やくしょ　ちょうしゃ
役所、庁舎 ———————————————————————————— 58

しゅしょうかんてい
首相官邸 ———————————————————————————————— 59

5

都道府県職員 —————————————— 60

政令指定都市職員 ————————————— 61

市町村職員 ———————————————— 62

教師 —————————————————— 64

教育委員会職員 —————————————— 64

地方公務員 ———————————————— 65

地方自治体 ———————————————— 66

3 法律にかかわる仕事

弁護士 ————————————————— 68

検察官 ————————————————— 71

裁判官 ————————————————— 72

裁判所事務官（裁判所職員）—————————— 73

調停官 ————————————————— 74

裁判所 ————————————————— 75

司法書士 ———————————————— 77

行政書士 ———————————————— 78

公認会計士 ———————————————— 79

税理士 ————————————————— 80

弁理士 ————————————————— 81

4 公務員や安全、法律に関する知識

裁判、訴訟 ——————————————— 84

憲法、法律 ——————————————— 86

調停 ————————————————— 93

国防 ————————————————— 94

検視 ————————————————— 98

「公務員」のお仕事は幅広い！

公務員とは、国や地方公共団体の職員として、国民や住民の生活を支えている人たちです。このさくいんでは細かい紹介はしていませんが、『お仕事さくいん』シリーズの他の本に紹介されている職業でも、公務員という立場でお仕事している人は多くいます。

```
＜公務員のお仕事の例＞
国や地方公共団体が運営している病院の医師や動物園の飼育員、
博物館や美術館の職員、研究所の職員、IT技術者など
```

自分のやりたいお仕事の夢を叶えながら公務員として働ける場合もあるので、色んな選択肢を持って、なりたいお仕事を探してみてくださいね。

7

8

1

暮らしや安全を守る仕事

1 暮らしや安全を守る仕事

消防士

火事や災害が起きたときに人々を助ける仕事をしています。例えば、建物の火事を消したり、火の中にいる人や動物を救い出したり、地震や洪水などの災害があったときに危険な場所で困っている人たちを助けたりします。さらに、事故で車に閉じ込められた人を救うこともあります。普段は、体を鍛えたり、訓練をしたりして、いつでも助けに行ける準備をしています。消防士は「困ったときにすぐ駆けつけるヒーロー」のような存在で、人々の安全を守るために毎日頑張っています。

▶お仕事について詳しく知るには

「消防車とハイパーレスキュー―乗り物ひみつルポ；2」　モリナガ・ヨウ作　あかね書房　2010年7月【学習支援本】

「消防官になるには [2010年]―なるにはbooks；88」　菅原順臣著　ぺりかん社　2010年8月【学習支援本】

「しごとば．続々―しごとばシリーズ；3」　鈴木のりたけ 作　ブロンズ新社　2011年1月【学習支援本】

「くらべてみよう!はたらくじどう車 1 (しょうぼう車)」　市瀬義雄監修・写真　金の星社　2011年2月【学習支援本】

「あこがれお仕事いっぱい!せいふく図鑑：大きくなったらどれ着たい?」　勝倉崚太写真　学研教育出版　2012年4月【学習支援本】

「ハイパーレスキューだいしゅうごう!：ほんもののサイレンカーもいっぱい!―生活シリーズ．トミカえほん」　グループ・コロンブス編　主婦と生活社　2012年8月【学習支援本】

「おしごと制服図鑑：制服をみれば仕事のひみつがわかる!」　講談社編　講談社　2012年9月【学習支援本】

「東日本大震災伝えなければならない100の物語 第2巻 (明けない夜はない)」　学研教育出版著　学研教育出版　2013年2月【学習支援本】

「東京消防庁芝消防署24時：すべては命を守るために」　岩貞るみこ著　講談社　2013年7月【学習支援本】

「ジョブチューンのぶっちゃけハローワーク」 TBS「ジョブチューン」を作っている人たち編 主婦と生活社 2014年7月【学習支援本】

「こどもあんぜん図鑑」 講談社編;国崎信江監修 講談社 2015年2月【学習支援本】

「救急救命士の一日―医療・福祉の仕事見る知るシリーズ：10代の君の「知りたい」に答えます」 WILLこども知育研究所編著 保育社 2015年3月【学習支援本】

「さがしてみよう!まちのしごと2 (消防・警察のしごと)」 饗庭伸監修 小峰書店 2015年4月【学習支援本】

「現場で働く人たち：現場写真がいっぱい2」 こどもくらぶ編・著 あすなろ書房 2015年10月【学習支援本】

「キャリア教育支援ガイドお仕事ナビ8」 お仕事ナビ編集室著 理論社 2015年11月【学習支援本】

「まちのしごとば大研究5」 まちのしごとば取材班編 岩崎書店 2016年3月【学習支援本】

「夢のお仕事さがし大図鑑：名作マンガで「すき!」を見つける3」 夢のお仕事さがし大図鑑編集委員会編 日本図書センター 2016年9月【学習支援本】

「漫画から学ぶ生きる力 災害編」 宮川総一郎監修 ほるぷ出版 2016年10月【学習支援本】

「火災のサバイバル：生き残り作戦―かがくるBOOK. 科学漫画サバイバルシリーズ」 スウィートファクトリー文;韓賢東絵;HANA韓国語教育研究会訳 朝日新聞出版 2016年11月【学習支援本】

「はたらくくるま図鑑2」 株式会社スタジオタッククリエイティブ著 スタジオタッククリエイティブ 2017年5月【学習支援本】

「よくわかる消防・救急：命を守ってくれるしくみ・装備・仕事―楽しい調べ学習シリーズ」 坂口隆夫監修 PHP研究所 2017年6月【学習支援本】

「はたらく車ずかん2」 株式会社スタジオタッククリエイティブ著 スタジオタッククリエイティブ 2017年8月【学習支援本】

「地震がおきたら」 畑中弘子文;かなざわまゆこ絵 BL出版 2017年10月【学習支援本】

「いくらかな?社会がみえるねだんのはなし6」 藤田千枝編 大月書店 2018年3月【学習支援本】

「いのちを救いたい救急救命24時2」 風讃社編 汐文社 2019年1月【学習支援本】

「チェンジ・ザ・ワールド!：世界を変えた14人の女性たち」 スーザン・フッド文;13人のすばらしき女性画家絵;渋谷弘子訳 フレーベル館 2019年2月【学習支援本】

「名人はっけん!まちたんけん4」 鎌田和宏監修 学研プラス 2019年2月【学習支援本】

「むかしのしょうぼういまのしょうぼう」 山本忠敬さく 福音館書店 2019年4月【学習支援本】

「消防官になるには」 益田美樹著 ぺりかん社（なるにはBOOKS ） 2019年8月【学習支援本】

1 暮らしや安全を守る仕事

「消防官の一日」　WILLこども知育研究所編著　保育社（暮らしを支える仕事見る知るシリーズ：10代の君の「知りたい」に答えます）　2019年8月【学習支援本】

「消防署図鑑」　梅澤真一監修　金の星社　2019年12月【学習支援本】

「調べてまとめる!仕事のくふう 3」　岡田博元監修　ポプラ社　2020年4月【学習支援本】

「めくって学べるしごと図鑑」　BOOSUKAイラスト　学研プラス　2020年5月【学習支援本】

「動物たちのハローワーク：ANIMAL Profession CATALOG」　新宅広二著;イシダコウ絵　辰巳出版　2020年7月【学習支援本】

「しょうぼうしゃ、てんけんよし!―のりもののひみつ」　片平直樹ぶん;岡本よしろうえ　交通新聞社　2021年5月【学習支援本】

「仕事の歴史図鑑：今まで続いてきたひみつを探る 1」　本郷和人監修　くもん出版　2021年11月【学習支援本】

「かっこいいなしょうぼうし―なんでもサイエンス；9」　山﨑友也写真;ほか写真;横浜市消防局監修　チャイルド本社（チャイルド科学絵本館）　2021年12月【学習支援本】

▶ お仕事の様子をお話で読むには

「炎炎ノ消防隊 [5]」　大久保篤原作・絵;緑川聖司文　講談社（講談社青い鳥文庫）　2021年3月【児童文学】

「炎炎ノ消防隊 [6]」　大久保篤原作・絵;緑川聖司文　講談社（講談社青い鳥文庫）　2021年6月【児童文学】

「炎炎ノ消防隊 [7]」　大久保篤原作・絵;緑川聖司文　講談社（講談社青い鳥文庫）　2021年9月【児童文学】

「猫弁と透明人間」　大山淳子著　講談社（講談社文庫）　2013年2月【ライトノベル・ライト文芸】

「消防女子!!：女性消防士・高柳蘭の誕生」　佐藤青南著　宝島社（宝島社文庫）　2013年6月【ライトノベル・ライト文芸】

「ファイア・サイン：女性消防士・高柳蘭の奮闘」　佐藤青南著　宝島社（宝島社文庫）　2014年9月【ライトノベル・ライト文芸】

「110番のホームズ119番のワトソン：夕暮市火災事件簿」　平田駒著　文藝春秋（文春文庫）　2019年5月【ライトノベル・ライト文芸】

「ファイヤーファイター：命がけのバディ」　誉田龍一著　マイナビ出版（ファン文庫）　2019年12月【ライトノベル・ライト文芸】

「月の炎」　板倉俊之 著　新潮社（新潮文庫）　2021年5月【ライトノベル・ライト文芸】

「すべての神様の十月 2」　小路幸也著　PHP研究所（PHP文芸文庫）　2021年9月【ライトノベル・ライト文芸】

特別救助隊、レスキュー隊

危険な場所で困っている人を助ける専門家で、大きな地震で建物が壊れたときには、がれきの中にいる人を見つけて助け出します。また、高い場所や深い水の中など、普通では助けに行けないような場所でも活躍します。火事や事故のときには、消防士と協力して、閉じ込められた人を救うこともあります。レスキュー隊員は、特別な道具や乗り物を使い、毎日厳しい訓練をして準備をしています。困っている人を助けるために命がけで働いているのです。

▶お仕事について詳しく知るには

「感動する仕事!泣ける仕事!:お仕事熱血ストーリー 8 ("ありがとう"が私を元気にしてくれる)」 学研教育出版 2010年2月【学習支援本】

「感動する仕事!泣ける仕事!:お仕事熱血ストーリー 第2期 4 (この瞬間、救える命があるのなら…)」 日本児童文芸家協会編集 学研教育出版 2012年2月【学習支援本】

「なりたい!知りたい!調べたい!人命救助のプロ 2 (海のレスキュー隊)」 こどもくらぶ編・著 岩崎書店 2012年12月【学習支援本】

「なりたい!知りたい!調べたい!人命救助のプロ 1 (消防のレスキュー隊)」 こどもくらぶ編・著 岩崎書店 2013年3月【学習支援本】

「なりたい!知りたい!調べたい!人命救助のプロ 3 (山のレスキュー隊)」 こどもくらぶ編・著 岩崎書店 2013年3月【学習支援本】

「ハイパーレスキュー災害現場へ走れ!―このプロジェクトを追え!」 深光富士男文 佼成出版社 2013年6月【学習支援本】

「キャリア教育支援ガイドお仕事ナビ 8」 お仕事ナビ編集室著 理論社 2015年11月【学習支援本】

「みんなで防災アクション!:国際レスキュー隊サニーさんが教えてくれたこと 3」 神谷サニー著 評論社 2016年4月【学習支援本】

1 暮らしや安全を守る仕事

消防署

火事や災害が起きたときにすぐに駆けつけて、人々を助ける消防士が働く場所です。消防士の主な仕事は、火事を消すことや、火の中から人や動物を助けることですが、それだけではなく地震や台風のような災害が起きたときに、困っている人を救助するのも大切な仕事です。また、事故があったときに車の中に閉じ込められた人を助けることもあります。さらに、火事や事故を防ぐために、地域の人々に安全のルールを教えたり、訓練を行ったりしています。消防署は、みんなの命と安全を守るためにいつも準備している場所です。

▶お仕事について詳しく知るには

「サイレンカー―大解説!のりもの図鑑DX；3」 小賀野実監修・写真 ポプラ社 2010年12月【学習支援本】

「消防署・警察署で働く人たち：しごとの現場としくみがわかる!―しごと場見学!」 山下久猛著 ぺりかん社 2011年8月【学習支援本】

「しらべて遊ぼうこの地図だれのもの？：NHK知っトク地図帳」 NHK出版編 NHK出版 2012年5月【学習支援本】

「はっけん!まちのあっ!―大日本図書の生活科えほん」 石津ちひろぶん；ママダミネコえ 大日本図書 2012年9月【学習支援本】

「社会科見学に役立つわたしたちのくらしとまちのしごと場 1」 ニシ工芸児童教育研究所編 金の星社 2013年2月【学習支援本】

「東京消防庁芝消防署24時：すべては命を守るために」 岩貞るみこ著 講談社 2013年7月【学習支援本】

「職場体験学習に行ってきました。：中学生が本物の「仕事」をやってみた! 3」 全国中学校進路指導連絡協議会監修 学研教育出版 2014年2月【学習支援本】

「まちのしごとば大研究 5」 まちのしごとば取材班編 岩崎書店 2016年3月【学習支援本】

「サイレンカー―ポプラディア大図鑑WONDA．超はっけんのりもの大図鑑；3」 小賀野実監

修　ポプラ社　2017年2月【学習支援本】

「どきどきわくわくまちたんけん [5]」 若手三喜雄監修　金の星社　2017年3月【学習支援本】

「よくわかる消防・救急：命を守ってくれるしくみ・装備・仕事—楽しい調べ学習シリーズ」 坂口隆夫監修　PHP研究所　2017年6月【学習支援本】

「さがしてみよう!まちたんけん 3」 森田和良監修;山下真一監修　ポプラ社　2018年4月 【学習支援本】

「火災報知機のひみつ—学研まんがでよくわかるシリーズ；145」 藤みき生まんが;オフィス・イディオム構成　学研プラス　2018年10月【学習支援本】

「消防署図鑑」 梅澤真一監修　金の星社　2019年12月【学習支援本】

「しらべてまとめるまちとくらしのうつりかわり 3」 澤井陽介監修　汐文社　2020年3月 【学習支援本】

「調べて、書こう!教科書に出てくる仕事のくふう、見つけたよ 2」 『仕事のくふう、見つけたよ』編集委員会編著　汐文社　2020年3月【学習支援本】

「調べよう!わたしたちのまちの施設 5」 新宅直人指導　小峰書店　2020年4月【学習支援本】

「しょうぼうしゃ、てんけんよし!—のりもののひみつ」 片平直樹ぶん;岡本よしろうえ　交通新聞社　2021年5月【学習支援本】

「かっこいいなしょうぼうし—なんでもサイエンス；9」 山﨑友也写真;ほか写真;横浜市消防局監修　チャイルド本社（チャイルド科学絵本館）　2021年12月【学習支援本】

▶ お仕事の様子をお話で読むには

「ぼくはこうして生き残った! 2 (9.11テロ事件)」 ローレン・ターシス著;河井直子訳;ヒョーゴノスケ絵　KADOKAWA　2014年8月【児童文学】

「事件の現場は消防署!—ゆうれい探偵カーズ&クレア」 ドリー・ヒルスタッド・バトラー作;もりうちすみこ訳　国土社　2019年3月【児童文学】

1 暮らしや安全を守る仕事

自衛隊員

日本を守るために働く仕事で、地震や台風などの災害が起きたときには、人々を助けるために駆けつけます。例えば、被災地に食べものや水を運んだり、けがをした人を助けたりします。また、日本の海や空を守るために、船や飛行機を使って見張りをしたり、トラブルが起きたときに対応したりします。自衛隊員は、日々トレーニングをして体を鍛えたり、チームで協力して問題を解決するための練習をしたりしています。人々の生活や日本の平和を守るために大切な仕事をしているのです。

▶お仕事について詳しく知るには

「安全を守る仕事：写真とイラストでよくわかる！4（自衛隊）」 国土社編集部編　国土社　2010年3月【学習支援本】

▶お仕事の様子をお話で読むには

「名探偵コナン絶海の探偵（プライベート・アイ）」 水稀しま著;青山剛昌原作;櫻井武晴脚本　小学館（小学館ジュニアシネマ文庫）　2013年4月【児童文学】

「US1A RESCUE FLYING BOAT STORY：飛行艇物語」 二階堂裕作;佐藤元信絵　エスエスシー出版　2018年12月【児童文学】

「ヤングガン・カルナバル グッドバイ、ヤングガン」 深見真著　徳間書店（Tokuma novels edge）　2010年10月【ライトノベル・ライト文芸】

「疾走する思春期のパラベラム 君に愛を、心に銃を」 深見真著　エンターブレイン（ファミ通文庫）　2011年6月【ライトノベル・ライト文芸】

「フルメタル・パニック！アナザー 3」 賀東招二原案・監修;大黒尚人著　富士見書房（富士見ファンタジア文庫）　2012年3月【ライトノベル・ライト文芸】

「君が衛生兵（ナース）で歩兵が俺で」 篠山半太著　PHP研究所（スマッシュ文庫）　2012年6月【ライトノベル・ライト文芸】

「ヤングガン・カルナバル 11（グッドバイ、ヤングガン）」 深見真著　徳間書店（徳間文庫）　2013年2月【ライトノベル・ライト文芸】

「かんづかさ 3（朱に染まる空）」 くしまちみなと著 一二三書房（桜ノ杜ぶんこ） 2013年3月【ライトノベル・ライト文芸】

「天神」 小森陽一著 集英社（集英社文庫） 2013年3月【ライトノベル・ライト文芸】

「フルメタル・パニック!アナザー 7」 賀東招二原案・監修;大黒尚人著 KADOKAWA（富士見ファンタジア文庫） 2014年1月【ライトノベル・ライト文芸】

「ブラッドバス」 深見真著 徳間書店（徳間文庫） 2014年6月【ライトノベル・ライト文芸】

「東京ドラゴンストライク = TOKYO DRAGON STRIKE」 長田信織著 KADOKAWA（電撃文庫） 2015年8月【ライトノベル・ライト文芸】

「フルメタル・パニック!アナザー 11」 賀東招二原案・監修;大黒尚人著 KADOKAWA（富士見ファンタジア文庫） 2015年9月【ライトノベル・ライト文芸】

「やがて魔剱のアリスベル 6（さらば妖刕）」 赤松中学著 KADOKAWA（電撃文庫） 2016年1月【ライトノベル・ライト文芸】

「フルメタル・パニック!アナザー 12」 賀東招二原案・監修;大黒尚人著 KADOKAWA（富士見ファンタジア文庫） 2016年2月【ライトノベル・ライト文芸】

「音使いは死と踊る = Anonymous dance with death 1」 弁当箱著 オーバーラップ（オーバーラップ文庫） 2016年5月【ライトノベル・ライト文芸】

「風招きの空士：天神外伝」 小森陽一著 集英社（集英社文庫） 2016年10月【ライトノベル・ライト文芸】

「ダイブ!：潜水系公務員は謎だらけ」 山本賀代著 マイナビ出版（ファン文庫） 2017年2月【ライトノベル・ライト文芸】

「ダイブ!波乗りリストランテ」 山本賀代著 マイナビ出版（ファン文庫） 2017年9月【ライトノベル・ライト文芸】

「群青のカノン」 福田和代著 光文社（光文社文庫） 2018年1月【ライトノベル・ライト文芸】

「同期のサクラ：ひよっこ隊員の訓練日誌」 夏来頼著 光文社（光文社文庫.光文社キャラクター文庫） 2019年7月【ライトノベル・ライト文芸】

「翼を持った彼と人生リセット婚」 綾藤安樹著 KADOKAWA（メディアワークス文庫） 2020年2月【ライトノベル・ライト文芸】

「航空自衛隊副官怜於奈」 数多久遠著 角川春樹事務所（ハルキ文庫） 2020年4月【ライトノベル・ライト文芸】

「航空自衛隊副官怜於奈 2」 数多久遠 著 角川春樹事務所（ハルキ文庫） 2021年5月【ライトノベル・ライト文芸】

「ゲート = GATE：自衛隊彼の海にて、斯く戦えり SEASON2-2[下]」 柳内たくみ著 アルファポリス（アルファライト文庫） 2021年6月【ライトノベル・ライト文芸】

「海から何かがやってくる―薬師寺涼子の怪奇事件簿」 田中芳樹著 講談社（講談社文庫） 2021年10月【ライトノベル・ライト文芸】

「ゲート0 = GATE:ZERO：自衛隊銀座にて、斯く戦えり 前編」 柳内たくみ著 アルファポリス 2021年12月【ライトノベル・ライト文芸】

17

1 暮らしや安全を守る仕事

海上保安官

海の安全を守る仕事で、船やヘリコプターに乗って、海で困っている人を助けたり、船の事故を解決したりします。また、日本の海に不法な船が入らないように見張りをしたり、海でのルールを守らない船に注意したりする役目もあります。さらに、海での災害や環境汚染を防ぐために、海をきれいに保つ活動もしています。海上保安官は、危険な状況にも冷静に対応できるよう、日々訓練を重ねて備えています。海で困った人を助け、日本の海を守る頼もしい存在です。

▶お仕事について詳しく知るには

「安全を守る仕事：写真とイラストでよくわかる！3（海上保安庁）」 国土社編集部編　国土社　2010年3月【学習支援本】

「職場体験完全ガイド 11」 ポプラ社　2010年3月【学習支援本】

「海上保安庁の仕事につきたい！：日本の海を守るエキスパートの世界―教えて、先輩！私の職業シリーズ；2」 私の職業シリーズ取材班著　中経出版　2011年2月【学習支援本】

「なりたい！知りたい！調べたい！人命救助のプロ 2（海のレスキュー隊）」 こどもくらぶ編・著　岩崎書店　2012年12月【学習支援本】

「東日本大震災伝えなければならない100の物語 第6巻（絆）」 学研教育出版著　学研教育出版　2013年2月【学習支援本】

「船で働く人たち：しごとの現場としくみがわかる！―しごと場見学！」 山下久猛著　ぺりかん社　2013年3月【学習支援本】

「職場体験学習に行ってきました。：中学生が本物の「仕事」をやってみた！3」 全国中学校進路指導連絡協議会監修　学研教育出版　2014年2月【学習支援本】

「現場で働く人たち：現場写真がいっぱい 1」 こどもくらぶ編・著　あすなろ書房　2015年8月【学習支援本】

「はたらく船大図鑑 3（調査する船）」 池田良穂監修　汐文社　2016年1月【学習支援本】

「高校生にも読んでほしい海の安全保障の授業：日本人が知らない南シナ海の大問題！」 佐藤正久著　ワニブックス　2016年12月【学習支援本】

「どうして海のしごとは大事なの?」 「海のしごと」編集委員会編 成山堂書店 2018年6月
【学習支援本】

「よくわかる海上保安庁:しくみは?どんな仕事をしているの?—楽しい調べ学習シリーズ」
海上保安協会監修 PHP研究所 2018年8月【学習支援本】

「キャリア教育に活きる!仕事ファイル:センパイに聞く 17」 小峰書店編集部編著 小峰書
店 2019年4月【学習支援本】

▶ お仕事の様子をお話で読むには

「ザ・ラストメッセージ海猿」 橋口いくよ著;佐藤秀峰原作;福田靖脚本 小学館(小学館ジュ
ニアシネマ文庫) 2010年8月【児童文学】

保健師

人々が健康に暮らせるようにサポートする仕事です。例えば、赤ちゃん
やお年寄りの健康チェックをしたり、病気を防ぐためのアドバイスをし
たりします。また、学校や地域で健康についての講座を開いて、病気
の予防や健康であることの大切さを教えます。さらに、困っている人が
いれば、その人の話を聞いて助けることもあります。保健師は、看護師
としての知識や技術を使いながら、人々の健康を守り、みんなが安心し
て生活できるように働く大切な職業です。

▶ お仕事について詳しく知るには

「キャリア教育に活きる!仕事ファイル:センパイに聞く 29」 小峰書店編集部編著 小峰書
店 2010年8月【学習支援本】

「保健師の一日—医療・福祉の仕事見る知るシリーズ:10代の君の「知りたい」に答えます」
WILLこども知育研究所編著 保育社 2010年8月【学習支援本】

「職場体験完全ガイド 41 ポプラ社 2015年4月【学習支援本】

19

1 暮らしや安全を守る仕事

救急救命士、救急隊員

けがをした人や急に病気になった人を助ける仕事で、救急車に乗って、事故や病気で困っている人のところへいち早く駆けつけます。現場では、心臓マッサージや呼吸のサポートなど、その場で命を助けるための特別な手当てをします。そして、けがや病気の人を安全に病院まで運んでいます。救急隊員は、いつどんなときでも助けに行けるよう、体を鍛えたり、医療の訓練を受けたりしています。人々の命を守る大切な仕事で、困ったときに頼れる存在です。

▶お仕事について詳しく知るには

「仕事ってなんだろう?」 大原興三郎著 講談社 2010年3月【学習支援本】

「救命救急フライトドクター:攻めの医療で命を救え!」 岩貞るみこ著 講談社 2011年7月【学習支援本】

「人びとをまもるのりもののしくみ 3 (救急車)」 こどもくらぶ編 ほるぷ出版 2011年12月【学習支援本】

「ハイパーレスキューだいしゅうごう!:ほんもののサイレンカーもいっぱい!―生活シリーズ.トミカえほん」 グループ・コロンブス編 主婦と生活社 2012年8月【学習支援本】

「なりたい!知りたい!調べたい!人命救助のプロ 2 (海のレスキュー隊)」 こどもくらぶ編・著 岩崎書店 2012年12月【学習支援本】

「東日本大震災伝えなければならない100の物語 第3巻 (生きることを、生きるために)」 学研教育出版著 学研教育出版 2013年2月【学習支援本】

「救急救命士の一日―医療・福祉の仕事見る知るシリーズ:10代の君の「知りたい」に答えます」 WILLこども知育研究所編著 保育社 2015年3月【学習支援本】

「NHK学ぼうBOSAI命を守る防災の知恵 噴火・台風・竜巻・落雷どう備えるか」 NHK「学ぼうBOSAI」制作班編 金の星社 2016年3月【学習支援本】

「よくわかる消防・救急:命を守ってくれるしくみ・装備・仕事―楽しい調べ学習シリーズ」 坂口隆夫監修 PHP研究所 2017年6月【学習支援本】

「病院で働く人たち:しごとの現場としくみがわかる! デジタルプリント版」 浅野恵子著

ぺりかん社（しごと場見学!）　2018年1月【学習支援本】

「ドクターヘリの秘密：空飛ぶ救命救急室」　和氣晃司著　彩流社　2018年7月【学習支援本】

「個性ハッケン!：50人が語る長所・短所 5.」　田沼茂紀監修　ポプラ社　2018年9月【学習支援本】

「救急救命士になるには」　益田美樹著　ぺりかん社（なるにはBOOKS ）　2018年10月【学習支援本】

「サンキュー、ヒーロー：みんなのためにはたらくひとたちへのおうえんのうた」　パトリシア・ヘガティ文;マイケル・エマーソン絵;くぼみよこ訳　化学同人　2020年6月【学習支援本】

監察官

警察やその他の職場で、仕事が正しく行われているかを確認する仕事をしています。例えば、警察官がルールを守って仕事をしているか、悪いことをしていないかを調べます。もし問題が見つかったら、その理由を調べて、どうすれば良くなるかを考えます。また、仕事のやり方を改善するアドバイスをすることもあります。監察官は、公平で正しい判断をすることが大切で、社会の信頼を守る重要な役目を担っています。みんなが安心して暮らせるように、裏方として活躍しています。

▶ お仕事の様子をお話で読むには

「田舎の刑事の好敵手―ミステリ・フロンティア；83」　滝田務雄著　東京創元社　2014年12月【ライトノベル・ライト文芸】

「W県警の悲劇」　葉真中顕 著　徳間書店（徳間文庫）　2021年1月【ライトノベル・ライト文芸】

1 暮らしや安全を守る仕事

警察官、刑事

みんなが安心して暮らせるように安全を守る仕事をしています。警察官は、町をパトロールして犯罪を防いだり、交通ルールを守るように指導したり、困っている人を助けたり、事故があったときに対応したりします。一方、刑事は、事件が起きたときに証拠を集めたり、犯人を見つけたりする専門の仕事です。どちらも、人々が安心して暮らせる環境を作るために欠かせない役目を果たしています。勇気や正義感を持っている、みんなが頼りにできる存在です。

▶お仕事について詳しく知るには

「安全を守る仕事：写真とイラストでよくわかる！2（警察）」 国土社編集部編　国土社　2010年3月【学習支援本】

「あこがれお仕事いっぱい！せいふく図鑑：大きくなったらどれ着たい？」 勝倉崚太写真　学研教育出版　2012年4月【学習支援本】

「なりたい！知りたい！調べたい！人命救助のプロ 3（山のレスキュー隊）」 こどもくらぶ編・著　岩崎書店　2013年3月【学習支援本】

「会社と仕事大研究：みんなの？をマンガで！にする―デアゴスティーニコレクション．そーなんだ！おもしろテーマシリーズ」 デアゴスティーニ編集部著　デアゴスティーニ・ジャパン　2013年3月【学習支援本】

「こどもあんぜん図鑑」 講談社編;国崎信江監修　講談社　2015年2月【学習支援本】

「現場で働く人たち：現場写真がいっぱい 1」 こどもくらぶ編・著　あすなろ書房　2015年8月【学習支援本】

「くらしを支える仕事―漫画家たちが描いた仕事：プロフェッショナル」 林律雄著;大島やすいち著;曽田正人著;平井りゅうじ著;北見けんいち著;大石賢一著;はしもとみつお著;吉本浩二著　金の星社　2016年3月【学習支援本】

「ニッポンの刑事たち―世の中への扉」 小川泰平著　講談社　2016年5月【学習支援本】

「よくわかる警察：しくみは？どんな仕事をしているの？―楽しい調べ学習シリーズ」 倉科孝靖監修　PHP研究所　2016年9月【学習支援本】

「夢のお仕事さがし大図鑑：名作マンガで「すき！」を見つける 3」 夢のお仕事さがし大図鑑
編集委員会編　日本図書センター　2016年9月【学習支援本】

「はたらくくるま図鑑 1」 株式会社スタジオタッククリエイティブ著　スタジオタッククリ
エイティブ　2017年5月【学習支援本】

「はたらく車ずかん 1」 株式会社スタジオタッククリエイティブ著　スタジオタッククリエ
イティブ　2017年8月【学習支援本】

「がんばれ！ぼくらのパトカー　コスミック出版　2018年11月【学習支援本】

「ザ・裏方：キャリア教育に役立つ！2　フレーベル館　2019年1月【学習支援本】

「名人はっけん！まちたんけん 4」 鎌田和宏監修　学研プラス　2019年2月【学習支援本】

「警察官の一日」 WILLこども知育研究所編著　保育社（暮らしを支える仕事見る知るシ
リーズ：10代の君の「知りたい」に答えます）　2019年7月【学習支援本】

「絵と写真でわかる警察のクイズ100：小学生がなりたい人気の職業クイズ」 黒岩勇一著；
マイストリート著　新紀元社　2019年10月【学習支援本】

「警察署図鑑」 梅澤真一監修　金の星社　2020年10月【学習支援本】

「警察のウラガワ―大人も知らないお仕事のヒミツ」 倉科孝靖監修　学研プラス　2021年
11月【学習支援本】

「仕事の歴史図鑑：今まで続いてきたひみつを探る 1」 本郷和人監修　くもん出版　2021
年11月【学習支援本】

▶お仕事の様子をお話で読むには

「まほうのことばでつよいこになあれ」 もりたともこさく・え　文芸社　2021年7月【絵本】

「白バイさんのおしごと」 今里茉莉奈著　玄武書房　2021年12月【絵本】

「でかいケツで解決デカ 2―とっておきのどうわ」 小室尚子作；たかいよしかず絵　PHP研
究所　2021年1月【児童文学】

「三毛猫ホームズの宝さがし―三毛猫ホームズの事件ノート」 赤川次郎著　汐文社　2021
年1月【児童文学】

「三毛猫ホームズの幽霊退治―三毛猫ホームズの事件ノート」 赤川次郎著　汐文社　2021
年1月【児童文学】

「三毛猫ホームズの古時計―三毛猫ホームズの事件ノート」 赤川次郎著　汐文社　2021年
2月【児童文学】

「三毛猫ホームズの殺人協奏曲―三毛猫ホームズの事件ノート」 赤川次郎著　汐文社
2021年2月【児童文学】

「三毛猫ホームズの水泳教室―三毛猫ホームズの事件ノート」 赤川次郎著　汐文社　2021
年2月【児童文学】

「世界の名探偵 1」 エドガー・アラン・ポー作；戸川安宣訳；はみ絵　ポプラ社（ポプラキミ

1 暮らしや安全を守る仕事

ノベル） 2021年5月【児童文学】

「大どろぼうジャム・パン [5]―わくわくえどうわ」 内田麟太郎作;藤本ともひこ絵 文研出版 2021年12月【児童文学】

「探偵小説のためのゴシック「火刻金」」 古野まほろ著 講談社（講談社ノベルス） 2010年1月【ライトノベル・ライト文芸】

「怪盗探偵山猫」 神永学著 角川書店（角川文庫） 2010年2月【ライトノベル・ライト文芸】

「ホーリー・アップル 虹色のスチーム」 柏枝真郷著 講談社（講談社X文庫. White heart） 2010年4月【ライトノベル・ライト文芸】

「闇ツキチルドレン」 天祢涼著 講談社（講談社ノベルス） 2010年7月【ライトノベル・ライト文芸】

「デカワンコ」 神埜明美著;森本梢子原作 集英社（コバルト文庫） 2011年2月【ライトノベル・ライト文芸】

「妖[キ]庵夜話 空蝉の少年」 榎田ユウリ著 角川書店 2011年7月【ライトノベル・ライト文芸】

「確率捜査官御子柴岳人 : 密室のゲーム」 神永学著 角川書店 2011年8月【ライトノベル・ライト文芸】

「怪しいスライス―プロゴルファー リーの事件スコア」 アーロン・エルキンズ著;シャーロット・エルキンズ著;寺尾まち子訳 集英社（集英社文庫） 2011年9月【ライトノベル・ライト文芸】

「スパイダーZ(ゾーン)」 霞流一著 講談社（講談社ノベルス） 2011年10月【ライトノベル・ライト文芸】

「テディ・ゴー! : アー・ユー・テディ? 2」 加藤実秋著 PHP研究所（PHP文芸文庫） 2012年3月【ライトノベル・ライト文芸】

「SE神谷翔のサイバー事件簿」 七瀬晶著 幻冬舎（幻冬舎文庫） 2012年6月【ライトノベル・ライト文芸】

「少女漫画家が猫を飼う理由(わけ)―警視庁幽霊係」 天野頌子著 祥伝社（祥伝社文庫） 2012年6月【ライトノベル・ライト文芸】

「浜村渚の計算ノート 3と1/2さつめ (ふえるま島の最終定理)」 青柳碧人著 講談社（講談社文庫） 2012年7月【ライトノベル・ライト文芸】

「デッドマン = DEAD MAN」 河合莞爾著 角川書店 2012年9月【ライトノベル・ライト文芸】

「妄想女刑事」 鳥飼否宇著 角川書店 2012年9月【ライトノベル・ライト文芸】

「東海道五十三次殺人事件 : 歴史探偵・月村弘平の事件簿」 風野真知雄著 実業之日本社（実業之日本社文庫） 2012年12月【ライトノベル・ライト文芸】

「会うは盗みの始めなり 新装版―夫は泥棒、妻は刑事 ; 10」 赤川次郎著 徳間書店（徳間文庫） 2013年2月【ライトノベル・ライト文芸】

「ドS刑事(デカ) : 風が吹けば桶屋が儲かる殺人事件」 七尾与史著 幻冬舎（幻冬舎文庫）

2013年4月【ライトノベル・ライト文芸】

「妖琦庵夜話 [2] (空蝉の少年)」 榎田ユウリ著　角川書店(角川ホラー文庫)　2013年7月【ライトノベル・ライト文芸】

「ドS刑事(デカ) [2] (朱に交われば赤くなる殺人事件)」 七尾与史著　幻冬舎(幻冬舎文庫)　2013年8月【ライトノベル・ライト文芸】

「残留思念(サイコメトリー)捜査：オレ様先生と女子高生・莉音の事件ファイル」 あいま祐樹著　宝島社(宝島社文庫)　2013年8月【ライトノベル・ライト文芸】

「双孔堂の殺人：Double Torus」 周木律著　講談社(講談社ノベルス)　2013年8月【ライトノベル・ライト文芸】

「SE神谷翔のサイバー事件簿 2」 七瀬晶著　幻冬舎(幻冬舎文庫)　2013年10月【ライトノベル・ライト文芸】

「戦力外捜査官：姫デカ・海月千波」 似鳥鶏著　河出書房新社(河出文庫)　2013年10月【ライトノベル・ライト文芸】

「飯所署清掃係宇宙人探偵トーマス」 中村啓著　宝島社(宝島社文庫)　2013年10月【ライトノベル・ライト文芸】

「丑三つ時から夜明けまで」 大倉崇裕著　光文社(光文社文庫)　2013年11月【ライトノベル・ライト文芸】

「美堂橋さんの優雅な日々。 [2] (恋とヒミツのつくりかた)」 椿ハナ著　KADOKAWA(メディアワークス文庫)　2013年12月【ライトノベル・ライト文芸】

「確率捜査官御子柴岳人：密室のゲーム」 神永学著　KADOKAWA(角川文庫)　2014年1月【ライトノベル・ライト文芸】

「虚空に響く鎮魂歌(レクイエム)：ホミサイド・コレクション」 篠原美季著　講談社(講談社X文庫 white heart)　2014年2月【ライトノベル・ライト文芸】

「レイカ＝REIKA：警視庁刑事部捜査零課」 樹のえる著　KADOKAWA(メディアワークス文庫)　2014年4月【ライトノベル・ライト文芸】

「ダイナマイト刑事：BURNING 2020」 おかず著　一二三書房(桜ノ杜ぶんこ)　2014年5月【ライトノベル・ライト文芸】

「推定未来：白きサイネリアの福音」 間宮夏生著　KADOKAWA(メディアワークス文庫)　2014年6月【ライトノベル・ライト文芸】

「泥棒だって謎を解く」 影山匙著　宝島社(宝島社文庫)　2014年8月【ライトノベル・ライト文芸】

「二万パーセントのアリバイ」 越谷友華著　宝島社(宝島社文庫)　2014年8月【ライトノベル・ライト文芸】

「妄想女刑事(デカ)」 鳥飼否宇著　KADOKAWA(角川文庫)　2014年9月【ライトノベル・ライト文芸】

「静おばあちゃんにおまかせ」 中山七里著　文藝春秋(文春文庫)　2014年11月【ライトノベル・ライト文芸】

1 暮らしや安全を守る仕事

「迷走女刑事(デカ)」 鳥飼否宇著 KADOKAWA(角川文庫) 2014年11月【ライトノベル・ライト文芸】

「ディーセント・ワーク・ガーディアン」 沢村凜著 双葉社(双葉文庫) 2014年12月【ライトノベル・ライト文芸】

「レイカ＝REIKA：警視庁刑事部捜査零課 2」 樹のえる著 KADOKAWA(メディアワークス文庫) 2014年12月【ライトノベル・ライト文芸】

「全裸男と蛇男：警視庁生活安全部遊撃捜査班」 香月日輪著 講談社(講談社X文庫 white heart) 2014年12月【ライトノベル・ライト文芸】

「田舎の刑事の好敵手―ミステリ・フロンティア；83」 滝田務雄著 東京創元社 2014年12月【ライトノベル・ライト文芸】

「警視庁幽霊係と人形の呪い」 天野頌子著 祥伝社(祥伝社文庫) 2015年2月【ライトノベル・ライト文芸】

「ソルティ・ブラッド：狭間の火」 毛利志生子著 集英社(集英社オレンジ文庫) 2015年4月【ライトノベル・ライト文芸】

「ドラゴンリップ：刑事・竜めぐみの体当たり捜査」 鯨統一郎著 双葉社(双葉文庫) 2015年4月【ライトノベル・ライト文芸】

「婚活刑事 [2] (花田米子に激震)」 安道やすみち著 TOブックス(TO文庫) 2015年4月【ライトノベル・ライト文芸】

「魔法使いは完全犯罪の夢を見るか?」 東川篤哉著 文藝春秋(文春文庫) 2015年4月【ライトノベル・ライト文芸】

「コントロールゲーム：金融部の推理稟議書」 郷里悟著 幻冬舎(幻冬舎文庫) 2015年5月【ライトノベル・ライト文芸】

「ぬいぐるみ警部の帰還」 西澤保彦著 東京創元社(創元推理文庫) 2015年5月【ライトノベル・ライト文芸】

「担当官は恋愛オンチ：恋愛事件捜査係」 剛しいら著 KADOKAWA(富士見L文庫) 2015年5月【ライトノベル・ライト文芸】

「予告犯：THE CHASER」 筒井哲也著;久麻當郎著 集英社(JUMP j BOOKS) 2015年5月【ライトノベル・ライト文芸】

「神様刑事(デカ) [2] (警視庁犯罪被害者ケア係・神野現人の暴走)」 関口暁人著 TOブックス(TO文庫) 2015年6月【ライトノベル・ライト文芸】

「伝説の名探偵：歴史は繰り返される」 加賀見彰著 コスミック出版(コスミック文庫α) 2015年7月【ライトノベル・ライト文芸】

「シンクロニシティ―法医昆虫学捜査官」 川瀬七緒著 講談社(講談社文庫) 2015年8月【ライトノベル・ライト文芸】

「レイカ＝REIKA：警視庁刑事部捜査零課 3」 樹のえる著 KADOKAWA(メディアワークス文庫) 2015年8月【ライトノベル・ライト文芸】

「冤罪捜査官：新米刑事・青田菜緒の憂鬱な捜査」 椎名雅史著 幻冬舎(幻冬舎文庫)

2015年10月【ライトノベル・ライト文芸】

「僕と死神(ボディガード)の黒い糸」 天野頌子著　講談社(講談社タイガ)　2015年11月【ライトノベル・ライト文芸】

「トイプー警察犬メグレ」 七尾与史著　講談社(講談社タイガ)　2016年2月【ライトノベル・ライト文芸】

「怪盗探偵山猫 [4] (黒羊の挽歌)」 神永学著　KADOKAWA(角川文庫)　2016年2月【ライトノベル・ライト文芸】

「神様刑事(デカ) [3] (警視庁犯罪被害者ケア係・神野現人の相棒)」 関口暁人著　TOブックス(TO文庫)　2016年2月【ライトノベル・ライト文芸】

「白バイガール」 佐藤青南著　実業之日本社(実業之日本社文庫)　2016年2月【ライトノベル・ライト文芸】

「白猫探偵の事件簿」 花夜光著　KADOKAWA(富士見L文庫)　2016年2月【ライトノベル・ライト文芸】

「ダイエット刑事(でか):高榎茉央の活躍」 吉田汎著　コスミック出版(コスミック文庫α)　2016年3月【ライトノベル・ライト文芸】

「桜田門のさくらちゃん」 加藤実秋著　実業之日本社(実業之日本社文庫)　2016年4月【ライトノベル・ライト文芸】

「妖琦庵夜話 [5]」 榎田ユウリ著　KADOKAWA(角川ホラー文庫)　2016年4月【ライトノベル・ライト文芸】

「ティファニーで昼食を:ランチ刑事の事件簿」 七尾与史著　角川春樹事務所(ハルキ文庫)　2016年5月【ライトノベル・ライト文芸】

「デッド・オア・ヴァンパイア = Dead or vampire」 スズキヒサシ著　KADOKAWA(ノベルゼロ)　2016年5月【ライトノベル・ライト文芸】

「シグザール警察特命官:まるで愛おしくない君とふたり」 御永真幸著　集英社(コバルト文庫)　2016年6月【ライトノベル・ライト文芸】

「刑事と怪物:ヴィクトリア朝臓器奇譚」 佐野しなの著　KADOKAWA(メディアワークス文庫)　2016年6月【ライトノベル・ライト文芸】

「僕と死神(ボディーガード)の白い罠」 天野頌子著　講談社(講談社タイガ)　2016年7月【ライトノベル・ライト文芸】

「ビタースイートワルツ = Bittersweet Waltz」 小路幸也著　実業之日本社(実業之日本社文庫)　2016年8月【ライトノベル・ライト文芸】

「五条路地裏ジャスミン荘の伝言板」 柏井壽著　幻冬舎(幻冬舎文庫)　2016年8月【ライトノベル・ライト文芸】

「トイプー警察犬メグレ [2]」 七尾与史著　講談社(講談社タイガ)　2016年9月【ライトノベル・ライト文芸】

「八獄の界」 三津田信三著　KADOKAWA(角川ホラー文庫)　2016年11月【ライトノベル・ライト文芸】

1 暮らしや安全を守る仕事

「僕と死神(ボディガード)の赤い罪」 天野頌子著 講談社(講談社タイガ) 2017年6月【ライトノベル・ライト文芸】

「相棒はドM刑事(デカ) 3」 神埜明美著 集英社(集英社文庫) 2017年7月【ライトノベル・ライト文芸】

「妖琦庵夜話 [6]」 榎田ユウリ著 KADOKAWA(角川ホラー文庫) 2017年7月【ライトノベル・ライト文芸】

「のど自慢殺人事件」 高木敦史著 祥伝社(祥伝社文庫) 2017年10月【ライトノベル・ライト文芸】

「殺人鬼探偵の捏造美学」 御影瑛路著 講談社(講談社タイガ) 2017年11月【ライトノベル・ライト文芸】

「白バイガール [3]」 佐藤青南著 実業之日本社(実業之日本社文庫) 2017年11月【ライトノベル・ライト文芸】

「ワースト・インプレッション:刑事・理恩と拾得の事件簿」 滝田務雄著 双葉社(双葉文庫) 2017年12月【ライトノベル・ライト文芸】

「不能犯:映画ノベライズ」 宮月新原作;神崎裕也原作;希多美咲著 集英社(集英社オレンジ文庫) 2018年1月【ライトノベル・ライト文芸】

「泥棒教室は今日も満員―夫は泥棒、妻は刑事;19」 赤川次郎著 徳間書店(徳間文庫) 2018年2月【ライトノベル・ライト文芸】

「確率捜査官御子柴岳人 = Probability Investigator Gakuto Mikoshiba [3]」 神永学著 KADOKAWA 2018年3月【ライトノベル・ライト文芸】

「R.E.D.警察庁特殊防犯対策官室 ACT2」 古野まほろ著 新潮社(新潮文庫nex) 2018年4月【ライトノベル・ライト文芸】

「ファントムレイヤー―心霊科学捜査官」 柴田勝家著 講談社(講談社タイガ) 2018年4月【ライトノベル・ライト文芸】

「ニセ恋シンデレラ」 八巻にのは著 KADOKAWA(富士見L文庫) 2018年5月【ライトノベル・ライト文芸】

「相棒は小学生:図書館の少女は新米刑事と謎を解く」 ひずき優著 集英社(集英社オレンジ文庫) 2018年5月【ライトノベル・ライト文芸】

「スノーマン」 一雫ライオン著 集英社(集英社文庫) 2018年9月【ライトノベル・ライト文芸】

「マジシャン 最終版」 松岡圭祐著 KADOKAWA(角川文庫) 2018年9月【ライトノベル・ライト文芸】

「赤い博物館」 大山誠一郎著 文藝春秋(文春文庫) 2018年9月【ライトノベル・ライト文芸】

「プリンセス刑事(デカ)」 喜多喜久著 文藝春秋(文春文庫) 2018年10月【ライトノベル・ライト文芸】

「家政夫くんは名探偵!」 楠谷佑著 マイナビ出版(ファン文庫) 2018年12月【ライトノベ

ル・ライト文芸】

「W県警の悲劇 = The Tragedy of the "W" Prefectural police」 葉真中顕著 徳間書店 2019年1月【ライトノベル・ライト文芸】

「ナイトメアはもう見ない：夢視捜査官と顔のない男」 水守糸子著 集英社（集英社オレンジ文庫） 2019年1月【ライトノベル・ライト文芸】

「奇科学島の記憶：捕まえたもん勝ち！」 加藤元浩著 講談社（講談社ノベルス） 2019年2月【ライトノベル・ライト文芸】

「潮騒のアニマ─法医昆虫学捜査官」 川瀬七緒著 講談社（講談社文庫） 2019年2月【ライトノベル・ライト文芸】

「捕まえたもん勝ち！：七夕菊乃の捜査報告書」 加藤元浩著 講談社（講談社文庫） 2019年2月【ライトノベル・ライト文芸】

「妖琦庵夜話 [7]」 榎田ユウリ著 KADOKAWA（角川ホラー文庫） 2019年3月【ライトノベル・ライト文芸】

「狼のようなイルマ：捜査一課殺人班」 結城充考著 祥伝社（祥伝社文庫） 2019年3月【ライトノベル・ライト文芸】

「ファイアスターター─捜査一課殺人班イルマ」 結城充考著 祥伝社（祥伝社文庫） 2019年4月【ライトノベル・ライト文芸】

「ミルキ→ウェイ☆ホイッパーズ：一日警察署長と木星王国の野望」 椙本孝思著 潮出版社（潮文庫） 2019年4月【ライトノベル・ライト文芸】

「白バイガール [4]」 佐藤青南著 実業之日本社（実業之日本社文庫） 2019年4月【ライトノベル・ライト文芸】

「浜村渚の計算ノート 9さつめ」 青柳碧人著 講談社（講談社文庫） 2019年4月【ライトノベル・ライト文芸】

「悪魔のトリック」 青柳碧人著 祥伝社（祥伝社文庫） 2019年5月【ライトノベル・ライト文芸】

「三毛猫ホームズの危険な火遊び」 赤川次郎著 KADOKAWA（角川文庫） 2019年5月【ライトノベル・ライト文芸】

「ブラッド・ブレイン 1」 小島正樹著 講談社（講談社タイガ） 2019年6月【ライトノベル・ライト文芸】

「双蛇密室」 早坂吝著 講談社（講談社文庫） 2019年6月【ライトノベル・ライト文芸】

「二宮繁盛記 2」 谷崎泉著 二見書房（二見サラ文庫） 2019年6月【ライトノベル・ライト文芸】

「ブラッド・ブレイン 2」 小島正樹著 講談社（講談社タイガ） 2019年7月【ライトノベル・ライト文芸】

「ドS刑事（デカ）[5]」 七尾与史著 幻冬舎（幻冬舎文庫） 2019年8月【ライトノベル・ライト文芸】

「ブラッド・ブレイン 3」 小島正樹著 講談社（講談社タイガ） 2019年8月【ライトノベル・

1 暮らしや安全を守る仕事

ライト文芸】

「財務捜査官岸一真 [2]」 宮城啓著 幻冬舎（幻冬舎文庫） 2019年8月【ライトノベル・ライト文芸】

「たとえ君の手をはなしても」 沢村基著 集英社（集英社文庫） 2019年9月【ライトノベル・ライト文芸】

「怪盗探偵山猫 = The Mysterious Thief Detective "YAMANEKO" : 深紅の虎」 神永学著 KADOKAWA 2019年9月【ライトノベル・ライト文芸】

「警視庁鉄道捜査班：鉄血の警視」 豊田巧著 講談社（講談社文庫） 2019年9月【ライトノベル・ライト文芸】

「再雇用警察官」 姉小路祐著 徳間書店（徳間文庫） 2019年9月【ライトノベル・ライト文芸】

「プリンセス刑事(デカ) [2]」 喜多喜久著 文藝春秋（文春文庫） 2019年10月【ライトノベル・ライト文芸】

「警視庁鉄道捜査班 [2]」 豊田巧著 講談社（講談社文庫） 2019年10月【ライトノベル・ライト文芸】

「忘れない男：警視庁特殊能力係」 愁堂れな著 集英社（集英社オレンジ文庫） 2019年10月【ライトノベル・ライト文芸】

「確率捜査官御子柴岳人 [3]」 神永学著 KADOKAWA（角川文庫） 2019年11月【ライトノベル・ライト文芸】

「脇坂副署長の長い一日」 真保裕一著 集英社（集英社文庫） 2019年11月【ライトノベル・ライト文芸】

「家政夫くんは名探偵! [2]」 楠谷佑著 マイナビ出版（ファン文庫） 2019年12月【ライトノベル・ライト文芸】

「九孔の罠－死相学探偵；7」 三津田信三著 KADOKAWA（角川ホラー文庫） 2019年12月【ライトノベル・ライト文芸】

「まなびや陰陽：六原透流の呪い事件簿」 硝子町玻璃著 新紀元社（ポルタ文庫） 2020年1月【ライトノベル・ライト文芸】

「禅定の弓 新装版－鬼籍通覧」 椹野道流著 講談社（講談社文庫） 2020年1月【ライトノベル・ライト文芸】

「量子人間(クォンタムマン)からの手紙：捕まえたもん勝ち!」 加藤元浩著 講談社（講談社文庫） 2020年2月【ライトノベル・ライト文芸】

「困った死体は瞑らない」 浅暮三文著 集英社（集英社文庫） 2020年3月【ライトノベル・ライト文芸】

「諦めない男－警視庁特殊能力係」 愁堂れな著 集英社（集英社オレンジ文庫） 2020年3月【ライトノベル・ライト文芸】

「掟上今日子の設計図」 西尾維新著 講談社 2020年3月【ライトノベル・ライト文芸】

「難事件カフェ」 似鳥鶏著 光文社（光文社文庫） 2020年4月【ライトノベル・ライト文芸】

「難事件カフェ 2」 似鳥鶏著 光文社（光文社文庫） 2020年5月【ライトノベル・ライト文芸】

「福家警部補の追及」 大倉崇裕著 東京創元社（創元推理文庫） 2020年5月【ライトノベル・ライト文芸】

「花嫁をガードせよ!」 赤川次郎著 実業之日本社（実業之日本社文庫） 2020年6月【ライトノベル・ライト文芸】

「百王警察署何もするな課」 小野上明夜著 一迅社（メゾン文庫） 2020年7月【ライトノベル・ライト文芸】

「霊視刑事夕雨子 1」 青柳碧人著 講談社（講談社文庫） 2020年7月【ライトノベル・ライト文芸】

「許せない男―警視庁特殊能力係」 愁堂れな著 集英社（集英社オレンジ文庫） 2020年8月【ライトノベル・ライト文芸】

「御堂誉の事件ファイル：鳥居坂署のおひとりさま刑事」 砂川雨路著 スターツ出版（スターツ出版文庫） 2020年8月【ライトノベル・ライト文芸】

「悪魔と呼ばれた男」 神永学著 講談社（講談社文庫） 2020年11月【ライトノベル・ライト文芸】

「コンサバター [2]」 一色さゆり [著] 幻冬舎（幻冬舎文庫） 2021年1月【ライトノベル・ライト文芸】

「抗えない男―警視庁特殊能力係」 愁堂れな著 集英社（集英社オレンジ文庫） 2021年1月【ライトノベル・ライト文芸】

「アトラス―天命探偵Next Gear」 神永学 著 新潮社（新潮文庫） 2021年2月【ライトノベル・ライト文芸】

「奇科学島の記憶―捕まえたもん勝ち!」 加藤元浩 [著] 講談社（講談社文庫） 2021年2月【ライトノベル・ライト文芸】

「再雇用警察官 [3]」 姉小路祐 著 徳間書店（徳間文庫） 2021年2月【ライトノベル・ライト文芸】

「名探偵、初心者ですが―舞田ひとみの推理ノート」 歌野晶午 [著] KADOKAWA（角川文庫） 2021年2月【ライトノベル・ライト文芸】

「霊視刑事夕雨子 2」 青柳碧人 [著] 講談社（講談社文庫） 2021年2月【ライトノベル・ライト文芸】

「グルメ警部の美食捜査」 斎藤千輪 著 PHP研究所（PHP文芸文庫） 2021年3月【ライトノベル・ライト文芸】

「桜宵 新装版―香菜里屋シリーズ；2」 北森鴻 [著] 講談社（講談社文庫） 2021年3月【ライトノベル・ライト文芸】

「ドS刑事（デカ）[6]」 七尾与史 [著] 幻冬舎（幻冬舎文庫） 2021年4月【ライトノベル・ライト文芸】

「会津 友の墓標―十津川警部シリーズ」 西村京太郎 著 集英社（集英社文庫） 2021年4

1 暮らしや安全を守る仕事

月【ライトノベル・ライト文芸】

「白バイガール [6]」 佐藤青南 著　実業之日本社（実業之日本社文庫）　2021年4月【ライトノベル・ライト文芸】

「百々とお狐の本格巫女修行」 千冬著　三交社（スカイハイ文庫）　2021年4月【ライトノベル・ライト文芸】

「異常心理犯罪捜査官・氷膳莉花 [2]」 久住四季著　KADOKAWA（メディアワークス文庫）2021年6月【ライトノベル・ライト文芸】

「怪盗探偵山猫 [6]」 神永学 [著]　KADOKAWA（角川文庫）　2021年6月【ライトノベル・ライト文芸】

「神奈川県警「ヲタク」担当細川春菜」 鳴神響一 [著]　幻冬舎（幻冬舎文庫）　2021年6月【ライトノベル・ライト文芸】

「捕まらない男—警視庁特殊能力係」 愁堂れな著　集英社（集英社オレンジ文庫）　2021年6月【ライトノベル・ライト文芸】

「プリンセス刑事(デカ) [3]」 喜多喜久著　文藝春秋（文春文庫）　2021年8月【ライトノベル・ライト文芸】

「夏服を着た恋人たち—マイ・ディア・ポリスマン」 小路幸也著　祥伝社（祥伝社文庫）2021年8月【ライトノベル・ライト文芸】

「妖琦庵夜話 [9]」 榎田ユウリ著　KADOKAWA（角川ホラー文庫）　2021年8月【ライトノベル・ライト文芸】

「相棒はJK」 榎本憲男著　角川春樹事務所（ハルキ文庫）　2021年9月【ライトノベル・ライト文芸】

「おまわりさんと招き猫：あやかしの町のふしぎな日常」 植原翠著　マイクロマガジン社（ことのは文庫）　2021年10月【ライトノベル・ライト文芸】

「ドッペルゲンガーの銃」 倉知淳著　文藝春秋（文春文庫）　2021年10月【ライトノベル・ライト文芸】

「モンスターと食卓を 3」 椹野道流著　KADOKAWA（角川文庫）　2021年10月【ライトノベル・ライト文芸】

「海から何かがやってくる—薬師寺涼子の怪奇事件簿」 田中芳樹著　講談社（講談社文庫）2021年10月【ライトノベル・ライト文芸】

「降格警視」 安達瑶著　徳間書店（徳間文庫）　2021年10月【ライトノベル・ライト文芸】

「純黒の執行者」 青木杏樹著　KADOKAWA（メディアワークス文庫）　2021年10月【ライトノベル・ライト文芸】

「招かれざる客：有栖川有栖選必読!Selection 1—トクマの特選!」 笹沢左保著　徳間書店（徳間文庫）　2021年10月【ライトノベル・ライト文芸】

「泥棒たちの十番勝負—夫は泥棒、妻は刑事；21」 赤川次郎著　徳間書店（徳間文庫）2021年10月【ライトノベル・ライト文芸】

「逃げられない男—警視庁特殊能力係」 愁堂れな著　集英社（集英社オレンジ文庫）　2021

年10月【ライトノベル・ライト文芸】

「探偵はもう、死んでいる。 6」 二語十著　KADOKAWA（MF文庫J）　2021年11月【ライトノベル・ライト文芸】

「異常心理犯罪捜査官・氷膳莉花 [3]」 久住四季著　KADOKAWA（メディアワークス文庫）2021年12月【ライトノベル・ライト文芸】

「花嫁は歌わない」 赤川次郎著　実業之日本社（実業之日本社文庫）　2021年12月【ライトノベル・ライト文芸】

「虚構推理 [3]」 城平京著　講談社（講談社タイガ）　2021年12月【ライトノベル・ライト文芸】

「神奈川県警「ヲタク」担当細川春菜 2」 鳴神響一著　幻冬舎（幻冬舎文庫）　2021年12月【ライトノベル・ライト文芸】

「囮捜査官北見志穂：山田正紀・超絶ミステリコレクション #2 1—トクマの特選!」 山田正紀著　徳間書店（徳間文庫）　2021年12月【ライトノベル・ライト文芸】

SP
えすぴー

「セキュリティポリス」の略で、大切な人たちを守る仕事をしている警察官です。例えば、総理大臣やその他の大臣、海外から来た大切なお客様などが安全に過ごせるように、そばで見守ります。SPは、危険なことが起こりそうなときにすぐ行動できるよう、周りの様子をよく観察しています。もし何か問題が起きたら、その人を守るために体を張って行動します。SPになるために、特別な訓練を受けて、体力や判断力を高めているのです。

▶ お仕事の様子をお話で読むには

「レディ・ガーディアン：予告誘拐の罠」 柊サナカ著　宝島社（宝島社文庫）　2014年8月【ライトノベル・ライト文芸】

1 暮らしや安全を守る仕事

機動隊

警察の中でも特別なチームで、大きな事件や災害があったときに活躍します。例えば、大勢の人が集まるデモやお祭りなどでトラブルが起きそうなとき、みんなの安全を守るために活動します。また、地震や台風などの災害では、被害を受けた場所で人を助けたり、復旧作業を手伝ったりします。さらに、危険な犯罪やテロが起きたときにも対応します。機動隊員は、体力やチームワークがとても重要で、日々訓練をして準備しています。みんなが安全に過ごせるように働く、頼もしい存在です。

▶ お仕事について詳しく知るには

「機動隊パーフェクトブック：日本の警備警察の実力を徹底解剖!! : 治安の闘士たちとその現場に密着!」　講談社ビーシー　講談社 (発売)　2020年9月【学習支援本】

「はたらく自動車ずかん：パトロールカー・消防車・工事車が大集合!」　小賀野実 監修　成美堂出版　2021年1月【学習支援本】

「サイレンカーずかん：消防・救急・警察などの緊急車両が大集合!」　小賀野実 監修　成美堂出版　2021年12月【学習支援本】

皇宮護衛官

天皇や皇族の方々を守るために働く特別な警察官です。例えば、天皇や皇族の方々が移動するとき、周りに危険がないように警備をします。また、皇居や御所（天皇や皇族の方々が住んでいる場所）の安全を守る役目もあります。
皇宮護衛官は、危険なことが起きたときにすぐに対応できるよう、日々訓練を重ねています。さらに、礼儀正しく天皇や皇族の方々をサポートすることも大切な仕事です。日本の大切な存在を守る、責任感が求められる重要な職業です。

麻薬取締官

薬のルールが守られて、危険な薬（麻薬や覚醒剤など）が広がらないようにする仕事です。例えば、違法な薬を作ったり売ったりしている人を見つけて捕まえます。また、薬を海外から密かに持ち込もうとする人を調べたり、どこで薬が広がっているのかを調査したりします。麻薬取締官は、人々が危ない薬に手を出さないようにすることで、健康で安心な社会を守ります。法律の知識や調査のスキル、そして強い正義感が必要な職業です。

> ▶ お仕事について詳しく知るには
>
> 「なりたい自分を見つける!仕事の図鑑. 14 (安心なくらしを形にする仕事)」〈仕事の図鑑〉編集委員会 編　あかね書房　2014年3月【学習支援本】
>
> 「夢のお仕事さがし大図鑑：名作マンガで「すき!」を見つける 3」　夢のお仕事さがし大図鑑編集委員会 編　日本図書センター　2016年9月【学習支援本】
>
> 「ポプラディアプラス仕事・職業 = POPLAR ENCYCLOPEDIA PLUS Career Guide. 2　ポプラ社　2018年4月【学習支援本】

1 暮らしや安全を守る仕事

刑務官

犯罪をした人が入る刑務所で働く仕事で、刑務官が目指すのは、罪を犯した人たちが反省し、社会に戻ったときにもう一度正しく生活できるようになることです。刑務官は、刑務所の中で決められたルールが守られるように見守ったり、トラブルが起きないように管理したりします。また、囚人たちが働いたり勉強したりするのをサポートすることも仕事の一つです。刑務官は厳しいだけでなく、相手を思いやる気持ちも大切にして、人々の更生を支える大切な役割を果たしています。

▶ お仕事の様子をお話で読むには

「シェルターケイジ = SHELTER/CAGE」 織守きょうや著　講談社（講談社BOX　BOX-AiR）2014年7月【ライトノベル・ライト文芸】

検視官

人が亡くなったときに、その原因を調べる仕事です。例えば、事故や事件で亡くなった場合、その人がどのようにして亡くなったのかを詳しく調べます。検視官は、警察と協力して現場を確認したり、専門の知識を使って体を調べたりして、真実を明らかにします。この仕事は、事件や事故の背景を解明し、正しい判断をするためにとても大切です。検視官は、医学や科学の知識を活かしながら、人々が安心して暮らせる社会を守る役目を果たしています。

▶ お仕事の様子をお話で読むには

「名探偵だって恋をする」 伊与原新著;椰野道流著;古野まほろ著;宮内悠介著;森晶麿著　角川書店（角川文庫）2013年9月【ライトノベル・ライト文芸】

刑務所
けいむしょ

犯罪をした人が入り、自分の行動を反省し、正しい生活を取り戻すための施設です。刑務所で働く人たちは、そこで生活する人たちがルールを守れるように見守る仕事をしています。また、働いたり、勉強したりする時間を通じて、社会に戻ったときに役立つスキルや知識を身につける手伝いもします。さらに、トラブルが起きないように施設全体を管理したり、健康状態をチェックしたりする役目もあります。刑務所で働く人たちは、人々がもう一度社会で生活できるように支える大切な仕事をしています。

▶ お仕事の様子をお話で読むには

「女性受刑者とわが子をつなぐ絵本の読みあい」 村中李衣編著;中島学著　かもがわ出版　2021年6月【絵本】

「デッドマン・ワンダーランド 上」 六塚光著;片岡人生原作;近藤一馬原作　角川書店(角川文庫．角川スニーカー文庫)　2011年5月【ライトノベル・ライト文芸】

「デッドマン・ワンダーランド 下」 六塚光著;片岡人生原作;近藤一馬原作　角川書店(角川文庫．角川スニーカー文庫)　2011年8月【ライトノベル・ライト文芸】

「プールの底に眠る」 白河三兎著　講談社(講談社文庫)　2013年4月【ライトノベル・ライト文芸】

「シェルターケイジ = SHELTER/CAGE」 織守きょうや著　講談社(講談社BOX　BOX-AiR)　2014年7月【ライトノベル・ライト文芸】

「二万パーセントのアリバイ」 越谷友華著　宝島社(宝島社文庫)　2014年8月【ライトノベル・ライト文芸】

「歌舞伎町シャーロック:囚人モリアーティ解放のXデー」 歌舞伎町シャーロック製作委員会原作;森晶麿著　KADOKAWA(角川文庫)　2020年4月【ライトノベル・ライト文芸】

「麻倉玲一は信頼できない語り手」 太田忠司 著　徳間書店(徳間文庫)　2021年4月【ライトノベル・ライト文芸】

1 暮らしや安全を守る仕事

航空管制官

飛行機が安全に飛んだり着陸したりできるように指示を出す仕事です。飛行機は空を飛ぶとき、他の飛行機とぶつからないように決められた道を進みます。航空管制官は、飛行機のパイロットと無線で話しながら、高さや進む方向を指示して、安全に飛行できるようにします。また、空港では、飛行機が地上でぶつからないように誘導もします。この仕事には、集中力や正確さ、そして冷静に判断する力が必要です。空の安全を守る、とても重要な職業です。

▶ お仕事について詳しく知るには

「空港の大研究：どんな機能や役割があるの？：滑走路のヒミツから遊べる施設まで」 秋本俊二著　PHP研究所　2012年8月【学習支援本】

「ジョブチューンのぶっちゃけハローワーク」　TBS「ジョブチューン」を作っている人たち編　主婦と生活社　2014年7月【学習支援本】

税関職員

外国との間で物が行き来するときに、それがルールに合っているかを確認する仕事です。例えば、海外から送られてきた荷物や空港で持ち込まれるカバンの中身を調べて、禁止されている物や危険な物が入っていないかをチェックします。また、荷物にかかる税金が正しく払われているかも確認します。税関職員は、違法な物が日本に入ったり、危険なことが起きたりしないようにすることで、みんなの安全を守っています。国のルールを守りながら安心して暮らせる社会を築くために、重要な役割を果たしているのです。

▶ お仕事について詳しく知るには

「治安・法律・経済のしごと：人気の職業早わかり！」 PHP研究所 編　PHP研究所　2011年9月【学習支援本】

「港で働く人たち：しごとの現場としくみがわかる！―しごと場見学！」 大浦佳代 著　ぺりかん社　2013年1月【学習支援本】

「空港で働く人たち：しごとの現場としくみがわかる！―しごと場見学！」 中村正人 著　ぺりかん社　2013年3月【学習支援本】

「未来のお仕事入門 = MANGA FUTURE CAREER PRIMER―学研まんが入門シリーズ」 東園子 まんが　学研教育出版　学研マーケティング（発売）　2015年8月【学習支援本】

1 暮らしや安全を守る仕事

科学捜査官

事件や事故の証拠を科学の力を使って調べる仕事です。例えば、現場に残された指紋や足跡、血液などを詳しく調べて、犯人が誰なのかを特定する手がかりを探します。また、事件に使われた道具や薬物を分析することもあります。科学捜査官は、特別な機械や道具を使いながら、細かい証拠を見逃さずに調べるのが得意です。この仕事は、事件を解決するために警察と一緒に働くとても重要な役目を担っています。科学の知識と集中力が必要な職業です。

▶ お仕事の様子をお話で読むには

「JC科学捜査官：雛菊こまりと"ひとりかくれんぼ"殺人事件」　上甲宣之著　宝島社(宝島社文庫)　2014年6月【ライトノベル・ライト文芸】

「JC科学捜査官 [2] (雛菊こまりと"くねくね"殺人事件)」　上甲宣之著　宝島社(宝島社文庫)　2015年6月【ライトノベル・ライト文芸】

警察署
けいさつしょ

町の安全を守るために働く警察官が集まる場所です。警察官には、いろいろな仕事があり、例えば、町をパトロールして犯罪を防いだり、事故が起きたときに現場で助けたり、事件を調べて犯人を探すなどの役割があります。また、迷子を探したり、困っている人の相談を受けたりすることも大切な仕事です。さらに、交通ルールを教えたり、防犯のための活動をしたりして、みんなが安心して暮らせるようにサポートしています。警察署は、地域の安全を守るために欠かせない場所です。

▶お仕事について詳しく知るには

「消防署・警察署で働く人たち：しごとの現場としくみがわかる！―しごと場見学！」 山下久猛著 ぺりかん社 2011年8月【学習支援本】

「さがし絵で発見！世界の国ぐに 5」 池上彰著; 稲葉茂勝編 あすなろ書房 2011年12月【学習支援本】

「しらべて遊ぼうこの地図だれのもの？：NHK知っトク地図帳」 NHK出版編 NHK出版 2012年5月【学習支援本】

「社会科見学に役立つわたしたちのくらしとまちのしごと場 1」 ニシ工芸児童教育研究所編 金の星社 2013年2月【学習支援本】

「さがしてみよう！まちのしごと 2 (消防・警察のしごと)」 饗庭伸監修 小峰書店 2015年4月【学習支援本】

「ニッポンの刑事たち―世の中への扉」 小川泰平著 講談社 2016年5月【学習支援本】

「よくわかる警察：しくみは？どんな仕事をしているの？―楽しい調べ学習シリーズ」 倉科孝靖監修 PHP研究所 2016年9月【学習支援本】

「サイレンカー―ポプラディア大図鑑WONDA. 超はっけんのりもの大図鑑；3」 小賀野実監修 ポプラ社 2017年2月【学習支援本】

「どきどきわくわくまちたんけん [5]」 若手三喜雄監修 金の星社 2017年3月【学習支援本】

「はたらくくるま図鑑 1」 株式会社スタジオタッククリエイティブ著 スタジオタッククリエイティブ 2017年5月【学習支援本】

「はたらく車ずかん 1」 株式会社スタジオタッククリエイティブ著 スタジオタッククリエ

1 暮らしや安全を守る仕事

イティブ　2017年8月【学習支援本】

「最強のりものパーフェクトずかん―最強のりものヒーローズブックス」　学研プラス編集
学研プラス　2017年12月【学習支援本】

「政治のしくみを知るための日本の府省しごと事典 1」　森田朗監修;こどもくらぶ編　岩崎
書店　2018年1月【学習支援本】

「仕事のくふう、見つけたよ [4]」　青山由紀監修　金の星社　2020年3月【学習支援本】

「調べよう!わたしたちのまちの施設 6」　新宅直人指導　小峰書店　2020年4月【学習支援本】

「警察署図鑑」　梅澤真一監修　金の星社　2020年10月【学習支援本】

「消えたレッサーパンダを追え!：警視庁「生きもの係」事件簿」　たけたにちほみ文;西脇せい
ご絵　学研プラス（環境ノンフィクション）　2020年10月【学習支援本】

「警察犬アンズの事件簿：小さいけれど、大きな仕事」　鈴木博房著　岩崎書店　2020年11
月【学習支援本】

「警察のウラガワ―大人も知らないお仕事のヒミツ」　倉科孝靖監修　学研プラス　2021年
11月【学習支援本】

入管職員

日本に来る外国の人や、日本から外国に行く人をサポートしながら、ルールを守っているか確認する仕事です。例えば、空港や港でパスポートをチェックして、その人がきちんと手続きをしているかを調べます。また、日本で暮らす外国の人が安心して生活できるように、ビザ（滞在の許可）の手続きを行います。さらに、ルールを守らずに日本に来ようとする人がいないかを調べることも大切な役目です。入管職員は、日本と外国の人々をつなぐ重要な仕事をしているのです。

▶お仕事について詳しく知るには

「治安・法律・経済のしごと：人気の職業早わかり!」　PHP研究所 編　PHP研究所　2011
年9月【学習支援本】

2

国や地域にかかわる仕事

2 国や地域にかかわる仕事

政治家、議員、大臣

みんなが安心して暮らせるように、国や地域のルールや仕組みを作る仕事をしています。議員は、国会や地方の議会で話し合い、法律や予算を決める役目があります。例えば、税金をどう使うか、学校や病院をどう整えるかなどを話し合います。大臣は、決まったことを実際に進めるためのリーダーのような存在で、国のいろいろな分野を担当します。政治家は、みんなの意見を聞きながら、より良い社会を作るために働いています。責任が大きく、社会を動かす重要な仕事です。

▶お仕事について詳しく知るには

「職場体験完全ガイド 11」 ポプラ社 2010年3月【学習支援本】

「よくわかる政治―世の中への扉」 舛添要一著 講談社 2010年8月【学習支援本】

「国会へ行こう! 2 (めざせ!内閣総理大臣)」 阪上順夫監修 教育画劇 2011年4月【学習支援本】

「まんが田中正造:渡良瀬に生きる」 水樹涼子原作;文星芸術大学まんが 下野新聞社 2012年9月【学習支援本】

「決め方の大研究:どんな方法があるの?:ジャンケンから選挙まで」 佐伯胖監修;造事務所編集・構成 PHP研究所 2012年10月【学習支援本】

「やらなきゃゼロ!:財政破綻した夕張を元気にする全国最年少市長の挑戦」 鈴木直道著 岩波書店(岩波ジュニア新書) 2012年12月【学習支援本】

「池上彰の憲法入門」 池上彰著 筑摩書房(ちくまプリマー新書) 2013年10月【学習支援本】

「よくわかる選挙と政治:しくみとルールを知っておこう―楽しい調べ学習シリーズ」 福岡政行監修 PHP研究所 2016年3月【学習支援本】

「池上彰のみんなで考えよう18歳からの選挙 1 (知れば知るほど面白い選挙)」 池上彰監修 文溪堂 2016年3月【学習支援本】

「いまこそ知りたい!みんなでまなぶ日本国憲法 1」 明日の自由を守る若手弁護士の会編・著 ポプラ社 2016年4月【学習支援本】

「きみがもし選挙に行くならば：息子と考える18歳選挙権」　古川元久著　集英社　2016年5月【学習支援本】

「投票に行きたくなる国会の話」　政野淳子著　筑摩書房（ちくまプリマー新書）　2016年6月【学習支援本】

「話したくなる世界の選挙：世界の選挙をのぞいてみよう」　コンデックス情報研究所編集　清水書院　2016年8月【学習支援本】

「今こそ知りたい！三権分立 1」　山根祥利監修；平塚晶人監修；こどもくらぶ編　あすなろ書房　2017年1月【学習支援本】

「今こそ知りたい！三権分立 2」　こどもくらぶ編　あすなろ書房　2017年2月【学習支援本】

「池上彰さんと学ぶ12歳からの政治 3」　池上彰監修　学研プラス　2017年2月【学習支援本】

「いくらかな？社会がみえるねだんのはなし 3」　藤田千枝編　大月書店　2017年10月【学習支援本】

「伊藤博文：日本最初の内閣総理大臣―小学館版学習まんが人物館；日本-23」　季武嘉也監修；岩田やすてるまんが　小学館　2017年12月【学習支援本】

「議会を歴史する―歴史総合パートナーズ；2」　青木康著　清水書院　2018年8月【学習支援本】

「まんがでわかる偉人伝日本を動かした312人：日本の社会と文化をつくった偉人たちの、すばらしい物語集」　よだひでき著　ブティック社（Boutiquebooks）　2019年6月【学習支援本】

「議会制民主主義の活かし方：未来を選ぶために」　糠塚康江著　岩波書店（岩波ジュニア新書）　2020年5月【学習支援本】

「車いすで国会へ：全身マヒのALS議員：命あるかぎり道はひらかれる」　舩後靖彦文；加藤悦子文；堀切リエ文　子どもの未来社　2021年1月【学習支援本】

「月別カレンダーで1からわかる！日本の政治」　伊藤賀一監修　小峰書店　2021年12月【学習支援本】

▶ お仕事の様子をお話で読むには

「総理大臣になった少年」　川﨑キヨ著　鳥影社　2012年2月【児童文学】

「ハリスおばさん国会へ行く 普及版」　ポール・ギャリコ著；亀山龍樹訳　復刊ドットコム　2014年3月【児童文学】

2 国や地域にかかわる仕事

1府12省庁職員

政府の仕事を担っていて、それぞれが持つ役割や規模によって名前が分けられていて、国を運営するために多くの仕事をしています。以下の省庁以外に、デジタル庁や復興庁を含めて1府11省3庁ともいわれています。

1府（内閣府）
政府全体をまとめる役割を持ち、他の省庁の仕事がうまくいくように調整します。

12省庁	
総務省	地方の仕事や通信（電話やインターネット）を管理します。
法務省	ルールを守る社会を作るため、法律を決めたり守るために働き、裁判所や警察と協力します。
外務省	他の国と友好関係を築く仕事をします。日本の代表として外国と交渉します。
財務省	日本のお金を管理し、税金や予算を決めます。
文部科学省	学校教育やスポーツ、文化を支える役割を担います。
厚生労働省	医療や福祉、働く人たちの生活を守るための仕事をします。
農林水産省	食べものを作る農業、森を守る仕事、魚を守る漁業などを担当します。
経済産業省	日本の産業を発展させるために、企業をサポートします。
国土交通省	道路や鉄道、飛行機などの交通や、土地を管理します。
環境省	自然や環境を守り、地球を守るための仕事をします。
防衛省	日本を守るための軍隊を管理し、国の安全を守ります。
国家公安委員会	警察が正しく働くように見守り、ルールに基づいて指示を出します。

▶ お仕事について詳しく知るには

「仕事の図鑑：なりたい自分を見つける!. 12 (未来の地球環境をつくる仕事)」 「仕事の図鑑」編集委員会 編　あかね書房　2010年3月【学習支援本】

「日本の農林水産業 水産業」 小泉光久編;大日本水産会監修　鈴木出版　2011年3月【学習支援本】

「世界で活躍する日本人：国際協力のお仕事 2」 大橋正明監修　学研教育出版　2012年2月【学習支援本】

「きみが考える・世の中のしくみ 1 (政治ってなんだろう?)」 峯村良子作・絵　偕成社　2013年2月【学習支援本】

「100分でわかる!ホントはこうだった日本現代史 2 (日米安保条約からロッキード疑獄)」 田原総一朗著　ポプラ社　2013年3月【学習支援本】

「山川ビジュアル版日本史図録」 山川ビジュアル版日本史図録編集委員会編　山川出版社　2014年3月【学習支援本】

「キャリア教育に活きる!仕事ファイル：センパイに聞く 27」 小峰書店編集部編著　小峰書店　2020年4月【学習支援本】

▶ お仕事の様子をお話で読むには

「東京より憎しみをこめて 1」 至道流星著　星海社（星海社FICTIONS）　2013年10月【ライトノベル・ライト文芸】

「闇に歌えば：文化庁特殊文化財課事件ファイル」 瀬川貴次著　集英社（集英社文庫）　2013年11月【ライトノベル・ライト文芸】

「水鏡推理」 松岡圭祐著　講談社（講談社文庫）　2015年1月【ライトノベル・ライト文芸】

「東京より憎しみをこめて 3」 至道流星著　星海社（星海社FICTIONS）　2015年2月【ライトノベル・ライト文芸】

「推定失踪：まだ失くしていない君を」 ひずき優著　集英社（集英社オレンジ文庫）　2019年3月【ライトノベル・ライト文芸】

2 国や地域にかかわる仕事

外交官（外務専門職）

日本と外国の橋渡しをする仕事です。例えば、外国の人たちと話し合いをして、日本とその国が仲良く協力できるようにしたり、海外で困っている日本人を助けたり、他の国とのルールを決めたりします。さらに、戦争やトラブルが起きないように相談することも大切な役目です。外交官は、日本の文化や考え方を外国に伝える

一方で、外国の文化や意見を日本に紹介する役割もあります。外国語や国際的な知識が必要で、日本と世界をつなぐ大切な仕事です。

▶お仕事について詳しく知るには

「職場体験完全ガイド 11」　ポプラ社　2010年3月【学習支援本】

「杉原千畝と命のビザ：自由への道」　ケン・モチヅキ作;ドム・リー絵;中家多惠子訳　汐文社　2015年7月【学習支援本】

▶お仕事の様子をお話で読むには

「お父さんの手紙」　イレーネ・ディーシェ著;赤坂桃子訳　新教出版社（つのぶえ文庫）2014年2月【児童文学】

「香港シェヘラザード 下」　三角くるみ著　KADOKAWA（富士見L文庫）　2020年2月【ライトノベル・ライト文芸】

「香港シェヘラザード 上」　三角くるみ著　KADOKAWA（富士見L文庫）　2020年2月【ライトノベル・ライト文芸】

国税専門官

税金がきちんと集められるように調べたり、手助けをしたりする仕事です。税金は、学校や病院、道路など、みんなが安心して暮らせるために必要なお金です。国税専門官は、会社やお店の帳簿を見て、税金が正しく申告されているかを確認し、もしルールを守らずに税金を払わない人がいたら、その原因を調べて解決します。この仕事には、税金や法律の知識が必要です。また、みんなの暮らしを支える大切な役割を果たしており、責任感も求められます。

> ▶お仕事の様子をお話で読むには
>
> 「トッカン the 3rd（おばけなんてないさ）」　高殿円著　早川書房（ハヤカワ文庫 JA）
> 2014年3月【ライトノベル・ライト文芸】

財務専門官

日本のお金を管理し、国の経済を守る仕事です。例えば、税金を集めたり、そのお金を学校や病院、道路などに使う計画を立てたり、日本が借りたお金や貸したお金をきちんと管理し、無駄がないようにします。さらに、日本のお金の価値が安定するように、経済の流れを調べて対策を考えることも大切な役目です。財務専門官は、みんなが安心して暮らせるように、国のお金を賢く使うサポートをする重要な職業です。

衆議院/参議院事務局

国会がスムーズに進むようにサポートをする仕事です。国会では、政治家たちが集まって法律を作ったり、日本にとって大切なことを話し合ったりします。衆議院や参議院事務局で働く人たちは、その話し合いの準備をしたり、会議の記録をとったりします。また、法律や予算について詳しい資料を用意して、政治家たちが正しい判断をするお手伝いをします。さらに、国会の建物を管理したり、見学に来た人たちを案内したりすることもあります。国会を支える大切な役割を担っています。

衆議院/参議院法制局

国会で作られる法律について専門的にサポートする仕事です。例えば、政治家が新しい法律を作りたいとき、その内容が正しく、他の法律と矛盾しないか確認したり、必要な変更を提案したりします。また、法律の内容がわかりやすくなるように言葉を整えることもあります。さらに、国会での議論に必要な資料を作ったり、法律についての質問に答えたりすることも大切な役目です。法制局の人たちは、法律を作る過程でとても重要な役割を果たし、日本のルールを正しく整える仕事をしています。

食品衛生監視員

人々が食べるものが安全で健康に良いかを確認する仕事です。例えば、スーパーやレストラン、学校の給食の食材が新鮮で清潔かどうかを調べたり、工場で食品が正しく作られているかをチェックしたりします。また、海外から運ばれてくる食品に危険なものが混ざっていないかを検査することもあります。さらに、食べものが原因で起こる病気を防ぐために、ルールを守るようお店や会社に指導します。食品衛生監視員は、みんなが安心して食べられるように、食べものを守る大切な仕事をしています。

▶ お仕事について詳しく知るには

「港で働く人たち：しごとの現場としくみがわかる！―しごと場見学！」 大浦佳代 著　ぺりかん社　2013年1月【学習支援本】

「ポプラディアプラス仕事・職業 = POPLAR ENCYCLOPEDIA PLUS Career Guide. 1」ポプラ社　2018年4月【学習支援本】

「嫌われ食材ワースト5でつくる美味しい食育レシピ：子どもの知力・体力・集中力が健やかに伸びる！」 小嶋隆三; 小川侑子 著　現代書林　2018年12月【学習支援本】

51

2 国や地域にかかわる仕事

気象予報官

天気を調べて人々に伝える仕事です。例えば、雨や雪が降るのか、台風が近づいているのかなどを予測して、ニュースやインターネットで知らせます。これにより、みんなが安全に過ごせるように備えることができます。

気象予報官は、空の様子や風の動き、気温などのデータを集めて、特別なコンピュータを使いながら未来の天気を考えます。災害が起こりそうなときには特に注意して情報を発信し、人々の生活や安全を守っています。

▶お仕事について詳しく知るには

「ジョブチューンのぶっちゃけハローワーク」 TBS「ジョブチューン」を作っている人たち編 主婦と生活社 2014年7月【学習支援本】

「日本気象協会気象予報の最前線―このプロジェクトを追え!」 深光富士男文 佼成出版社 2014年8月【学習支援本】

「気象予報士・予報官になるには―なるにはBOOKS；144」 金子大輔著 ぺりかん社 2016年6月【学習支援本】

▶お仕事の様子をお話で読むには

「蝶が舞ったら、謎のち晴れ：気象予報士・蝶子の推理」 伊与原新著 新潮社（新潮文庫nex） 2015年8月【ライトノベル・ライト文芸】

労働基準監督官

働く人たちが安全で健康に働けるように見守る仕事です。例えば、会社や工場に行って、働く時間が長すぎないか、危険な作業がきちんと安全に行われているかを確認します。また、けがや病気を防ぐために、職場のルールが守られているかを調べます。もし問題があれば、その会社に改善するよう指導します。さらに、働く人の給料が正しく支払われているかをチェックすることもあります。労働基準監督官は、みんなが安心して働ける社会を作るために活躍する大切な職業です。

▶ お仕事について詳しく知るには

「キャリア教育に活きる!仕事ファイル:センパイに聞く 24」 小峰書店編集部編著 小峰書店 2020年4月【学習支援本】

▶ お仕事の様子をお話で読むには

「ディーセント・ワーク・ガーディアン」 沢村凜著 双葉社(双葉文庫) 2014年12月【ライトノベル・ライト文芸】

2 国や地域にかかわる仕事

国際公務員

世界中の人々が平和で幸せに暮らせるように働く仕事です。例えば、国連やユニセフのような国際的な組織で、貧しい国の人々を助けたり、戦争や環境問題を解決するための話し合いを進めたりします。また、教育や医療を受けられない人を支えるプロジェクトを企画することもあります。国際公務員は、外国語や文化の違いを理解しながら、地球全体を良くするために活動する大切な仕事です。

▶お仕事について詳しく知るには

「治安・法律・経済のしごと：人気の職業早わかり!」 PHP研究所 編 PHP研究所 2011年9月【学習支援本】

「国際公務員になるには－なるにはBOOKS；83」 横山和子 著 ぺりかん社 2020年11月【学習支援本】

大使館職員

外国で日本とその国をつなぐ仕事で、例えば、海外にいる日本人が困ったときに助けたり、日本の文化や考え方をその国に伝えるイベントを行ったりします。また、その国の情報を日本に伝えて、仲良く協力できるように働きかけています。さらに、ビザの手続きをして、その国の人が日本に来られるようにサポートします。大使館職員は、日本と外国の懸け橋として、両方の国がより良い関係を築けるように活躍する仕事です。

▶お仕事について詳しく知るには

「治安・法律・経済のしごと：人気の職業早わかり!」 PHP研究所 編 PHP研究所 2011年9月【学習支援本】

国家公務員

日本全体が安心して暮らせるように働く仕事です。例えば、法律を作ったり、みんなが守るルールを考えたりする仕事があります。また、税金を集めて学校や道路を作る計画を立てたり、災害があったときに早く対応できるよう手配したりします。さらに、外国の人と話し合って、日本と他の国が仲良くできるようにする役目もあります。国家公務員は、国のために働く大切な職業で、さまざまな分野で専門的な知識を活かして仕事をしています。

▶ お仕事について詳しく知るには

「国家公務員になるには―なるにはBOOKS；20」 井上繁編著　ぺりかん社　2015年9月【学習支援本】

「仕事の歴史図鑑：今まで続いてきたひみつを探る 1」 本郷和人監修　くもん出版　2021年11月【学習支援本】

▶ お仕事の様子をお話で読むには

「かんづかさ」　くしまちみなと著　一二三書房（桜ノ杜ぶんこ）　2012年1月【ライトノベル・ライト文芸】

「かんづかさ2（禍つ神の杜）」　くしまちみなと著　一二三書房（桜ノ杜ぶんこ）　2012年6月【ライトノベル・ライト文芸】

「アトラ・シンドローム：世界壊しの子」　涼野遊平著　集英社（集英社スーパーダッシュ文庫）　2014年5月【ライトノベル・ライト文芸】

「バビロン1（女）」　野﨑まど著　講談社（講談社タイガ）　2015年10月【ライトノベル・ライト文芸】

「バビロン2」　野﨑まど著　講談社（講談社タイガ）　2016年7月【ライトノベル・ライト文芸】

「最強のブラック公務員田中とヴァンパイアキャットの姫君」　縹けいか著　KADOKAWA（ノベルゼロ）　2018年2月【ライトノベル・ライト文芸】

2 国や地域にかかわる仕事

造幣局

お金を作るための特別な施設です。例えば、みんなが使う硬貨や記念硬貨を作ったり、作られたお金が正しい大きさや重さになっているかをチェックしたりします。さらに、勲章と呼ばれる特別なメダルを作ることも造幣局の大切な仕事です。造幣局は、お金が正しく安全に使われるようにするために、日本のお金を支える重要な役割を果たしています。

▶お仕事について詳しく知るには

「大接近!スポーツものづくり6」 高山リョウ構成・文 岩崎書店 2020年2月【学習支援本】

▶お仕事の様子をお話で読むには

「おかね工場でびっくり!!―笑って自由研究」 令丈ヒロ子作;MON絵 集英社(集英社みらい文庫) 2012年7月【児童文学】

公正取引委員会

お店や会社がルールを守って正しい取引をするように見守る仕事です。例えば、商品を売るときに、他の会社と競争しないで値段を決めたり、お客様にとって不利な条件で商品を売ったりすることがないかを調べます。もしルールを破った会社があれば、指導したり、必要なら罰を与えたりします。この仕事を通して、お客様が安心して買い物ができるようにし、会社同士が公平に競争できる環境を守る、大切な役割を果たしています。

国会議事堂

日本のルールや仕組みを作るために、政治家が集まる建物です。そこで働く人たちは、政治家たちがスムーズに話し合いを進められるようにサポートする仕事をしています。例えば、会議で話された内容を記録したり、法律を作るための資料を準備したりします。また、国会議事堂を訪れる人を案内したり、建物をきれいに保つことも大切な仕事です。国会議事堂で働く人たちは、法律が正しく作られるように手助けし、日本の未来を支える重要な役割を果たしています。

▶ お仕事について詳しく知るには

「国会へ行こう!1(国会ってしってる?)」 阪上順夫監修　教育画劇　2011年3月【学習支援本】

「国会へ行こう!2(めざせ!内閣総理大臣)」 阪上順夫監修　教育画劇　2011年4月【学習支援本】

「国会へ行こう!3(世界の国会とこれからの日本)」 阪上順夫監修　教育画劇　2011年4月【学習支援本】

「大図解国会議事堂:日本の政治のしくみ―社会科・大図解シリーズ」 国土社編集部編　国土社　2012年1月【学習支援本】

2 国や地域にかかわる仕事

役所、庁舎

役所や庁舎は、人々の生活を支えるために働く人たちが集まる場所です。例えば、市役所や町役場では、住民票の発行、税金の手続き、ゴミの収集の計画など、地域の人が安心して暮らせるようにサポートして

います。また、学校や公園の整備、災害が起きたときの避難所の準備なども役所で計画されています。役所や庁舎で働く人たちは、地域のルールを守り、みんなが安全で快適に暮らせるよう、日々さまざまな分野で活躍している大切な存在です。

▶お仕事について詳しく知るには

「見てみよう!挑戦してみよう!社会科見学・体験学習1(市役所・図書館・郷土資料館)」 国土社編集部編 国土社 2013年1月【学習支援本】

「社会科見学に役立つわたしたちのくらしとまちのしごと場1」 ニシ工芸児童教育研究所編 金の星社 2013年2月【学習支援本】

「池上彰のこれだけは知っておきたい!消費税のしくみ1(消費税ってなに?)」 池上彰監修;稲葉茂勝文 ポプラ社 2014年4月【学習支援本】

「調べよう!わたしたちのまちの施設1」 新宅直人指導 小峰書店 2020年4月【学習支援本】

▶お仕事の様子をお話で読むには

「あちん」 雀野日名子著 メディアファクトリー(MF文庫ダ・ヴィンチ) 2013年6月【ライトノベル・ライト文芸】

「朧月市役所妖怪課:河童コロッケ」 青柳碧人著 KADOKAWA(角川文庫) 2014年3月【ライトノベル・ライト文芸】

「玉川区役所OF THE DEAD」 永菜葉一著;塔井青著 KADOKAWA(富士見L文庫) 2014年9月【ライトノベル・ライト文芸】

「玉川区役所OF THE DEAD 2」 永菜葉一著;塔井青著 KADOKAWA(富士見L文庫) 2014年12月【ライトノベル・ライト文芸】

「朧月市役所妖怪課 [3] (妖怪どもが夢のあと)」 青柳碧人著 KADOKAWA(角川文庫)

2015年2月【ライトノベル・ライト文芸】

「あみたん娘ときときとNOVELS：高岡市役所あみたん課×あみたん娘THE NOVEL」 酒井直行著 PHP研究所 2015年4月【ライトノベル・ライト文芸】

「女騎士さん、ジャスコ行こうよ 3」 伊藤ヒロ著 KADOKAWA（MF文庫J） 2015年5月【ライトノベル・ライト文芸】

「やくしょのふたり＝Duo of a Government Office」 水沢あきと著 KADOKAWA（メディアワークス文庫） 2015年11月【ライトノベル・ライト文芸】

「崖っぷち町役場」 川崎草志著 祥伝社（祥伝社文庫） 2016年11月【ライトノベル・ライト文芸】

「こちら市役所市民課ヒーロー係です。」 銀南著 KADOKAWA（メディアワークス文庫） 2018年10月【ライトノベル・ライト文芸】

「書き直しを要求します!」 千冬著 マイナビ出版（ファン文庫） 2019年9月【ライトノベル・ライト文芸】

「区民課浅草分室あやかし交渉係」 紅原香著 双葉社（双葉文庫） 2020年2月【ライトノベル・ライト文芸】

「明日に架ける道—崖っぷち町役場」 川崎草志 著 祥伝社（祥伝社文庫） 2021年2月【ライトノベル・ライト文芸】

首相官邸

日本のリーダーである総理大臣が仕事をする場所です。例えば、国内や海外の大切な情報を集めて伝えたり、会議や発表の準備をしたりします。また、外国の大使やリーダーが訪問したときに案内をしたり、話し合いをサポートすることもあります。さらに、災害が起きたときには、素早く対応できるように準備を整えることも大切な仕事です。首相官邸で働く人たちは、日本全体のために重要な役割を果たしています。

▶お仕事について詳しく知るには

「今こそ知りたい!三権分立 2」 こどもくらぶ編 あすなろ書房 2017年2月【学習支援本】

2 国や地域にかかわる仕事

都道府県職員

都道府県職員は、人々の住む地域がもっと暮らしやすくなるために働いています。例えば、学校や病院、道路を整備する計画を立てたり、災害が起きたときに避難所を用意したりします。また、地域で営業しているお店や工場をサポートしたり、自然を守るための活動を進めてたりしています。さらに、イベントを企画して観光客を呼び、地域を元気にすることも大切な仕事です。都道府県職員は、地域の住民が安心して生活できるように、いろいろな分野で活躍している大切な存在です。

▶お仕事の様子をお話で読むには

「県庁おもてなし課」 有川浩著 角川書店 2011年3月【ライトノベル・ライト文芸】

「県庁おもてなし課」 有川浩著 角川書店(角川文庫) 2013年4月【ライトノベル・ライト文芸】

「ヘタレな僕はNOと言えない:公僕と暴君」 筏田かつら著 幻冬舎(幻冬舎文庫) 2019年2月【ライトノベル・ライト文芸】

政令指定都市職員

大きな都市に住む人たちが快適に暮らせるようにサポートする仕事です。政令指定都市とは、特に大きな市で、県と同じような役割を担うこともあります。職員の仕事には、学校や病院を整えたり、交通や道路を計画したりすることがあります。また、ゴミの収集や公園の管理など、毎日の生活を支える仕事もします。さらに、災害が起きたときには避難所を準備したり、被害を少なくするための対策を考えたりします。政令指定都市職員は、多くの人が集まる都市を安全で便利な場所にするために、さまざまな分野で活躍しています。

▶ お仕事について詳しく知るには

「市役所で働く人たち：しごとの現場としくみがわかる！－しごと場見学！」 谷隆一 著 ぺりかん社 2015年12月【学習支援本】

2 国や地域にかかわる仕事

市町村職員

町や村に住んでいる人たちが安心して暮らせるようにサポートする仕事です。例えば、住民票や健康保険の手続き、ゴミの収集や公園の管理を行っています。また、地域のお祭りやイベントを企画して、住民が楽しめるようにすることもあります。さらに、災害が起きたときには避難所を準備したり、困っている人を助けたりします。市町村職員は、みんなの日々の生活を支える大切な仕事をしていて、地域の人々がより良い生活を送れるように働いています。

▶お仕事について詳しく知るには

「感動する仕事!泣ける仕事!：お仕事熱血ストーリー 第2期 3 (地域の夢が、日本の希望に!)」 日本児童文芸家協会編集　学研教育出版 学研マーケティング (発売)　2012年2月【学習支援本】

「市役所で働く人たち：しごとの現場としくみがわかる!ーしごと場見学!」　谷隆一 著　ぺりかん社　2015年12月【学習支援本】

▶お仕事の様子をお話で読むには

「腕貫探偵」　西澤保彦著　実業之日本社(実業之日本社文庫)　2011年12月【ライトノベル・ライト文芸】

「腕貫探偵、残業中」　西澤保彦著　実業之日本社(実業之日本社文庫)　2012年6月【ライトノベル・ライト文芸】

「つきたま2 (※公務員のお仕事楽しいです)」　森田季節著　小学館(ガガガ文庫)　2013年3月【ライトノベル・ライト文芸】

「朧月市役所妖怪課：河童コロッケ」　青柳碧人著　KADOKAWA(角川文庫)　2014年3月【ライトノベル・ライト文芸】

「朧月市役所妖怪課 [3] (妖怪どもが夢のあと)」　青柳碧人著　KADOKAWA(角川文庫)　2015年2月【ライトノベル・ライト文芸】

「お世話になっております。陰陽課です」　峰守ひろかず著　KADOKAWA(メディアワーク

ス文庫） 2015年11月【ライトノベル・ライト文芸】

「お世話になっております。陰陽課です 2」 峰守ひろかず著 KADOKAWA（メディアワークス文庫） 2016年5月【ライトノベル・ライト文芸】

「お世話になっております。陰陽課です 3」 峰守ひろかず著 KADOKAWA（メディアワークス文庫） 2016年11月【ライトノベル・ライト文芸】

「お世話になっております。陰陽課です 4」 峰守ひろかず著 KADOKAWA（メディアワークス文庫） 2017年9月【ライトノベル・ライト文芸】

「のど自慢殺人事件」 高木敦史著 祥伝社（祥伝社文庫） 2017年10月【ライトノベル・ライト文芸】

「フクシノヒト：こちら福祉課保護係 2」 役所てつや原案;先崎綜一著 文芸社（文芸社文庫NEO） 2018年1月【ライトノベル・ライト文芸】

「謎解き広報課」 天祢涼著 幻冬舎（幻冬舎文庫） 2018年1月【ライトノベル・ライト文芸】

「浜辺の銀河：崖っぷち町役場」 川崎草志著 祥伝社（祥伝社文庫） 2018年5月【ライトノベル・ライト文芸】

「青山5丁目レンタル畑」 白石まみ著 幻冬舎（幻冬舎文庫） 2018年6月【ライトノベル・ライト文芸】

「真夜中のオカルト公務員」 たもつ葉子原作;鈴木麻純著 KADOKAWA（角川ホラー文庫） 2018年7月【ライトノベル・ライト文芸】

「こちら市役所市民課ヒーロー係です。」 銀南著 KADOKAWA（メディアワークス文庫） 2018年10月【ライトノベル・ライト文芸】

「市立ノアの方舟：崖っぷち動物園の挑戦」 佐藤青南著 祥伝社（祥伝社文庫） 2019年6月【ライトノベル・ライト文芸】

「区民課浅草分室あやかし交渉係」 紅原香著 双葉社（双葉文庫） 2020年2月【ライトノベル・ライト文芸】

「明日に架ける道―崖っぷち町役場」 川崎草志 著 祥伝社（祥伝社文庫） 2021年2月【ライトノベル・ライト文芸】

「公務員、中田忍の悪徳」 立川浦々著 小学館（ガガガ文庫） 2021年9月【ライトノベル・ライト文芸】

「こちら横浜市港湾局みなと振興課です」 真保裕一著 文藝春秋（文春文庫） 2021年10月【ライトノベル・ライト文芸】

「公務員、中田忍の悪徳 2」 立川浦々著 小学館（ガガガ文庫） 2021年12月【ライトノベル・ライト文芸】

2 国や地域にかかわる仕事

教師

みんなに勉強を教えるだけでなく、成長をサポートする大切な仕事をしています。例えば、算数や国語、理科や社会などを教えて、新しい知識や考え方を伝えます。また、勉強だけでなく、友達とのかかわり方やルールを守ることの大切さを教える、困ったときの相談に乗るなど、生活全般をサポートします。さらに、学校での行事やクラブ活動を通して楽しい思い出を作る手伝いもします。教師は、みんなが将来の夢に向かって成長できるように応援する、大切な存在です。

※ブックリストは『お仕事さくいん　学びや成長にかかわるお仕事』に掲載されています

教育委員会職員

学校や先生をサポートして、子どもたちが楽しく安全に学べる環境を作る仕事をしています。例えば、学校で使う教材や設備を準備したり、新しいルールを作ったりします。また、先生たちの研修を企画して、授業がもっと良くなるよう手助けします。さらに、いじめや不登校といった問題があれば、学校と一緒に解決するために動きます。地域の学校がしっかり運営されるように見守り、子どもたちが安心して成長できる環境を整える、大切な役割を担っています。

▶お仕事について詳しく知るには

「学校で働く人たち：しごとの現場としくみがわかる！−しごと場見学！」　松井大助 著　ぺりかん社　2010年12月【学習支援本】

「市役所で働く人たち：しごとの現場としくみがわかる！−しごと場見学！」　谷隆一 著　ぺりかん社　2015年12月【学習支援本】

「学校のふしぎなぜ？どうして？」　沼田晶弘 監修　高橋書店　2020年6月【学習支援本】

地方公務員

住んでいる地域の人たちが安心して暮らせるように働いている人たちです。例えば、市役所や町役場で住民の手続きをお手伝いしたり、公園や道路を整備したりする仕事があります。また、学校での教育をサポートしたり、地域の防災活動を計画したり、みんなの健康を守るために保健センターで働いたりする人もいます。地方公務員は、地域のためにいろいろな分野で活躍していて、住む人たちが快適に暮らせるよう支える大切な職業です。

▶ お仕事について詳しく知るには

「感動する仕事!泣ける仕事!:お仕事熱血ストーリー 第2期 3 (地域の夢が、日本の希望に!)」 日本児童文芸家協会編集　学研教育出版　2012年2月【学習支援本】

「地方公務員になるには―なるにはBOOKS；65」　井上繁編著　ぺりかん社　2015年2月【学習支援本】

▶ お仕事の様子をお話で読むには

「あちん」　雀野日名子著　メディアファクトリー（MF文庫ダ・ヴィンチ）　2013年6月【ライトノベル・ライト文芸】

「青い花の下には秘密が埋まっている：四季島植物園のしずかな事件簿」　有間カオル著　宝島社（宝島社文庫）　2020年8月【ライトノベル・ライト文芸】

2 国や地域にかかわる仕事

地方自治体

住んでいる地域を良くするための組織です。市役所や町役場、村役場がその一部で、そこで働く職員は人々が快適に暮らせるようにいろいろな仕事をしています。例えば、学校や公園を整備したり、ゴミの収集を計画したり、災害が起きたときに避難所を準備したりします。また、住民票や税金の手続きのお手伝いもしています。地方自治体の職員は、地域のみんなが安心して生活できるように、住民と協力しながら働いている大切な存在です。

> ▶お仕事について詳しく知るには
>
> 「私たちがつくる社会：おとなになるための法教育」 高作正博編 法律文化社 2012年3月【学習支援本】
>
> 「やらなきゃゼロ！：財政破綻した夕張を元気にする全国最年少市長の挑戦」 鈴木直道著 岩波書店(岩波ジュニア新書) 2012年12月【学習支援本】
>
> 「みんなのユニバーサルデザイン3 (町の人とつくるユニバーサルデザイン)」 川内美彦監修 学研教育出版 2013年2月【学習支援本】

3

法律にかかわる仕事

3 法律にかかわる仕事

弁護士

困っている人が法律を使って問題を解決するお手伝いをする仕事です。例えば、誰かとトラブルがあったときに、その人の意見を裁判所で伝えたり、話し合いで解決できるようにサポートしたりします。また、法律のルールが理解しづらい人にアドバイスをして、どうすれば良いかを一緒に考えます。弁護士は、人が公平に扱われるようにするために困っている人を助けるなど、重要な役割を担っています。法律の知識と正義感が必要な職業です。

▶ お仕事について詳しく知るには

「現代人の伝記：人間てすばらしい、生きるってすばらしい 2」 致知編集部編著　致知出版社　2010年7月【学習支援本】

「弁護士になるには―なるにはbooks ; 21」 田中宏;山中伊知郎著　ぺりかん社　2011年1月【学習支援本】

「未成年のための法律入門」 愛甲栄治著　毎日コミュニケーションズ（マイコミ新書）2011年8月【学習支援本】

「気分はもう、裁判長―よりみちパン!セ ; P033」 北尾トロ著　イースト・プレス　2012年2月【学習支援本】

「人権は国境を越えて」 伊藤和子著　岩波書店（岩波ジュニア新書）　2013年10月【学習支援本】

「パワハラに負けない!：労働安全衛生法指南」 笹山尚人著　岩波書店（岩波ジュニア新書）2013年11月【学習支援本】

「プチ革命言葉の森を育てよう」 ドリアン助川著　岩波書店（岩波ジュニア新書）　2014年7月【学習支援本】

「弁護士のひみつ―学研まんがでよくわかるシリーズ ; 仕事のひみつ編 6」 おがたたかはる漫画;Willこども知育研究所構成・文　学研プラスメディアビジネス部コンテンツ営業室　2017年2月【学習支援本】

「司法の現場で働きたい!：弁護士・裁判官・検察官」 打越さく良編;佐藤倫子編　岩波書店

（岩波ジュニア新書）　2018年3月【学習支援本】

「どうなってるんだろう?子どもの法律 : 一人で悩まないで! PART2」　山下敏雅編著;渡辺雅之編著　高文研　2019年6月【学習支援本】

「弁護士・検察官・裁判官の一日」　WILLこども知育研究所編著　保育社（暮らしを支える仕事見る知るシリーズ : 10代の君の「知りたい」に答えます）　2019年10月【学習支援本】

「キャリア教育に活きる!仕事ファイル : センパイに聞く 24」　小峰書店編集部編著　小峰書店　2020年4月【学習支援本】

「ルース・ベイダー・ギンズバーグ = RUTH BADER GINSBURG」　ジェフ・ブラックウェル編;ルース・ホブデイ編;橋本恵訳　あすなろ書房（信念は社会を変えた!）　2020年10月【学習支援本】

「弁護士になるには―なるにはBOOKS ; 21」　飯島一孝著　ぺりかん社　2021年10月【学習支援本】

▶ お仕事の様子をお話で読むには

「井戸の中の虎 上―Sogen bookland. サリー・ロックハートの冒険 ; 3」　フィリップ・プルマン著;山田順子訳　東京創元社　2010年11月【児童文学】

「少年弁護士セオの事件簿 1 (なぞの目撃者)」　ジョン・グリシャム作;石崎洋司訳　岩崎書店　2011年9月【児童文学】

「少年弁護士セオの事件簿 2 (誘拐ゲーム)」　ジョン・グリシャム作;石崎洋司訳　岩崎書店　2011年11月【児童文学】

「逆転裁判」　水稀しま著;飯田武脚本;大口幸子脚本　小学館（小学館ジュニアシネマ文庫）　2012年2月【児童文学】

「少年弁護士セオの事件簿 3 (消えた被告人)」　ジョン・グリシャム作;石崎洋司訳　岩崎書店　2012年11月【児童文学】

「少年弁護士セオの事件簿 4 (正義の黒幕)」　ジョン・グリシャム作;石崎洋司訳　岩崎書店　2013年11月【児童文学】

「少年弁護士セオの事件簿 5 (逃亡者の目)」　ジョン・グリシャム作;石崎洋司訳　岩崎書店　2015年11月【児童文学】

「逆転裁判 : 逆転アイドル」　高瀬美恵作;菊野郎挿絵　KADOKAWA（角川つばさ文庫）　2016年6月【児童文学】

「少年弁護士セオの事件簿 6」　ジョン・グリシャム作;石崎洋司訳　岩崎書店　2016年11月【児童文学】

「逆転裁判 [2]」　高瀬美恵作;菊野郎挿絵　KADOKAWA（角川つばさ文庫）　2017年2月【児童文学】

「猫弁と少女探偵」　大山淳子著　講談社（講談社文庫）　2015年2月【ライトノベル・ライト文芸】

3 法律にかかわる仕事

「ダブル・フォールト」 真保裕一著 集英社（集英社文庫） 2017年10月【ライトノベル・ライト文芸】

「京都烏丸御池のお祓い本舗」 望月麻衣著 双葉社（双葉文庫） 2017年10月【ライトノベル・ライト文芸】

「海棠弁護士の事件記録：消えた絵画と死者の声」 雨宮周著 KADOKAWA（角川文庫） 2020年3月【ライトノベル・ライト文芸】

「元彼の遺言状 = Will of ex-boyfriend」 新川帆立著 宝島社 2021年1月【ライトノベル・ライト文芸】

「附子の弁舌」 沼矛トモ著 KADOKAWA（富士見L文庫） 2021年1月【ライトノベル・ライト文芸】

「風よ僕らの前髪を = The Wind Blowing Through Our Sorrow」 弥生小夜子著 東京創元社 2021年5月【ライトノベル・ライト文芸】

「猫弁と星の王子」 大山淳子著 講談社（講談社文庫） 2021年7月【ライトノベル・ライト文芸】

「駅徒歩7分1DK。JD、JK付き。2」 書店ゾンビ著 オーバーラップ（オーバーラップ文庫） 2021年9月【ライトノベル・ライト文芸】

「倒産続きの彼女 = Ms.Bankruptcy」 新川帆立著 宝島社 2021年10月【ライトノベル・ライト文芸】

「しずく石町の法律家は狼と眠る」 菅野彰著 KADOKAWA（角川文庫） 2021年11月【ライトノベル・ライト文芸】

「ひまつぶしの殺人：長編推理小説 新装版」 赤川次郎著 光文社（光文社文庫） 2021年11月【ライトノベル・ライト文芸】

検察官

法律を使って正しい判断をする仕事です。例えば、事件が起きたとき犯人が本当に悪いことをしたのかどうかを調べて、裁判所で説明します。検察官は警察が集めた証拠をもとに、どんな法律が守られていないのかを考えます。そして、裁判で正しい罰を決められるように、裁判官や弁護士と話し合います。検察官の仕事は、法律を守ることがみんなの平和な生活につながるようにすることです。公平な判断をするために、多くの知識や責任感が求められます。

▶お仕事について詳しく知るには

「弁護士のひみつ―学研まんがでよくわかるシリーズ；仕事のひみつ編6」　おがたたかはる漫画;Willこども知育研究所構成・文　学研プラスメディアビジネス部コンテンツ営業室　2017年2月【学習支援本】

「司法の現場で働きたい！：弁護士・裁判官・検察官」　打越さく良編;佐藤倫子編　岩波書店（岩波ジュニア新書）　2018年3月【学習支援本】

「弁護士・検察官・裁判官の一日」　WILLこども知育研究所編著　保育社（暮らしを支える仕事見る知るシリーズ：10代の君の「知りたい」に答えます）　2019年10月【学習支援本】

「キャリア教育に活きる！仕事ファイル：センパイに聞く24」　小峰書店編集部編著　小峰書店　2020年4月【学習支援本】

▶お仕事の様子をお話で読むには

「逆転裁判」　水稀しま著;飯田武脚本;大口幸子脚本　小学館（小学館ジュニアシネマ文庫）　2012年2月【児童文学】

「逆転裁判：逆転アイドル」　高瀬美恵作;菊野郎挿絵　KADOKAWA（角川つばさ文庫）　2016年6月【児童文学】

3 法律にかかわる仕事

裁判官

トラブルや事件が起きたときに、法律をもとに正しい判断をする仕事です。例えば、誰かが悪いことをしたと疑われたとき、その人が本当に悪いのかどうかを証拠を見て考えます。そして、罪があると決まったら、どんな罰がふさわしいかを決めます。また、お金のトラブルや約束ごとの問題など、いろいろな争いごとを解決する役目もあります。裁判官は、法律の知識を活かしながら、公平で正しい判断をすることが求められるとても大切な職業です。

▶お仕事について詳しく知るには

「職場体験完全ガイド 11」 ポプラ社 2010年3月【学習支援本】

「まんがと図解でわかる裁判の本：こんなとき、どうする？どうなる？3（家族や親せきのもめごと）」 山田勝彦監修 岩崎書店 2014年2月【学習支援本】

「よくわかる選挙と政治：しくみとルールを知っておこう―楽しい調べ学習シリーズ」 福岡政行監修 PHP研究所 2016年3月【学習支援本】

「夢のお仕事さがし大図鑑：名作マンガで「すき！」を見つける 3」 夢のお仕事さがし大図鑑編集委員会編 日本図書センター 2016年9月【学習支援本】

「裁判所ってどんなところ？：司法の仕組みがわかる本」 森炎著 筑摩書房（ちくまプリマー新書） 2016年11月【学習支援本】

「今こそ知りたい！三権分立 2」 こどもくらぶ編 あすなろ書房 2017年2月【学習支援本】

「池上彰さんと学ぶ12歳からの政治 4」 池上彰監修 学研プラス 2017年2月【学習支援本】

「弁護士のひみつ―学研まんがでよくわかるシリーズ；仕事のひみつ編 6」 おがたたかはる漫画;Willこども知育研究所構成・文 学研プラスメディアビジネス部コンテンツ営業室 2017年2月【学習支援本】

「今こそ知りたい！三権分立 3」 こどもくらぶ編 あすなろ書房 2017年3月【学習支援本】

「司法の現場で働きたい！：弁護士・裁判官・検察官」 打越さく良編;佐藤倫子編 岩波書店（岩波ジュニア新書） 2018年3月【学習支援本】

「大統領を動かした女性ルース・ギンズバーグ：男女差別とたたかう最高裁判事」 ジョナ・ウィンター著;ステイシー・イナースト絵;渋谷弘子訳　汐文社　2018年3月【学習支援本】

「弁護士・検察官・裁判官の一日」　WILLこども知育研究所編著　保育社（暮らしを支える仕事見る知るシリーズ：10代の君の「知りたい」に答えます）　2019年10月【学習支援本】

「キャリア教育に活きる!仕事ファイル：センパイに聞く 24」　小峰書店編集部編著　小峰書店　2020年4月【学習支援本】

「ぼくらの時代の罪と罰：きみが選んだ死刑のスイッチ 増補新版」　森達也　ミツイパブリッシング　2021年12月【学習支援本】

▶ お仕事の様子をお話で読むには

「まるせぷ森きらわれ者のかかしの裁判」　森友遊著　ブイツーソリューション　2012年7月【児童文学】

「昔話法廷 Season4」　NHKEテレ「昔話法廷」制作班編;坂口理子原作;イマセン法律監修;伊野孝行挿画　金の星社　2019年9月【児童文学】

裁判所事務官（裁判所職員）

裁判がスムーズに行われるようにサポートする仕事です。例えば、裁判で使う書類を準備したり、裁判官や弁護士が必要とする資料を整えたりします。また、裁判の日程を決めたり、記録を保管したりすることも大切な役目です。さらに、裁判を受ける人たちがわかりやすく手続きを進められるように、案内や相談に乗ることもあります。裁判所事務官は、法律を守りながら裁判が公平に行われるよう支える重要な職業です。

3 法律にかかわる仕事

調停官

人と人の間で起きたトラブルを話し合いで解決するお手伝いをする仕事です。たとえば、お金の貸し借りや土地の使い方、家族の問題などで意見がぶつかったとき、調停官が間に入って、公平な立場で話し合いを進めます。裁判とは違い、みんなが納得できる解決方法を見つけるのが目的です。調停官は、トラブルを抱えた人たちの話を丁寧に聞き、法律の知識を使いながらサポートします。みんなが気持ちよく問題を解決できるようにする、社会にとって大切な役割を持つ仕事です。

▶お仕事の様子をお話で読むには

「オルキヌス：稲朽深弦の調停生活 4」　鳥羽徹著　ソフトバンククリエイティブ（GA文庫）2010年3月【ライトノベル・ライト文芸】

裁判所

事件やトラブルを法律に基づいて解決する場所です。裁判所で働く人には、裁判官、弁護士、検察官などがいます。裁判官は証拠や話を聞いて、公平に判断を下します。検察官は、犯罪があったときにその証拠を集め、犯人がどのように罪を犯したかを説明します。一方、弁護士は、困っている人の立場で意見を伝えます。また、裁判所事務官は裁判がスムーズに進むようサポートします。裁判所では、ルールを守りながら、みんなが納得できるように話し合いや決定が行われています。社会の正義を守る重要な場所です。

▶お仕事について詳しく知るには

「ぼくらの裁判をはじめようー14歳の世渡り術 = WORLDLY WISDOM FOR 14 YEARS OLD」 郷田マモラ著　河出書房新社　2011年11月【学習支援本】

「気分はもう、裁判長ーよりみちパン!セ；P033」 北尾トロ著　イースト・プレス　2012年2月【学習支援本】

「裁判のしくみ絵事典：トラブル解決のルール!：基本の流れから裁判員制度まで」 村和男監修　PHP研究所　2012年6月【学習支援本】

「領土を考える 1」 塚本孝監修　かもがわ出版　2012年11月【学習支援本】

「きみが考える・世の中のしくみ 3 (法律と裁判ってなに?)」 峯村良子作・絵　偕成社 2013年3月【学習支援本】

「池上彰の憲法入門」 池上彰著　筑摩書房(ちくまプリマー新書)　2013年10月【学習支援本】

「まんがと図解でわかる裁判の本：こんなとき、どうする?どうなる? 1 (くらしのなかの大事件)」 山田勝彦監修　岩崎書店　2014年2月【学習支援本】

「投票に行きたくなる国会の話」 政野淳子著　筑摩書房(ちくまプリマー新書)　2016年6月【学習支援本】

「裁判所ってどんなところ?：司法の仕組みがわかる本」 森炎著　筑摩書房(ちくまプリマー新書)　2016年11月【学習支援本】

「池上彰さんと学ぶ12歳からの政治 4」 池上彰監修　学研プラス　2017年2月【学習支援本】

「弁護士のひみつー学研まんがでよくわかるシリーズ；仕事のひみつ編 6」 おがたたかは

3 法律にかかわる仕事

る漫画;Willこども知育研究所構成・文　学研プラスメディアビジネス部コンテンツ営業室　2017年2月【学習支援本】

「今こそ知りたい!三権分立 3」　こどもくらぶ編　あすなろ書房　2017年3月【学習支援本】

「日本国憲法ってなに? 5」　伊藤真著　新日本出版社　2017年8月【学習支援本】

「18歳までに知っておきたい法のはなし」　神坪浩喜著　みらいパブリッシング　2020年1月【学習支援本】

▶ お仕事の様子をお話で読むには

「動物裁判 : 節子の絵物語」　節子・クロソフスカ・ド・ローラ作・絵　静山社　2012年3月【児童文学】

「昔話法廷」　NHKEテレ「昔話法廷」制作班編;今井雅子原作;イマセン法律監修;伊野孝行挿画　金の星社　2016年8月【児童文学】

「シェイクスピア名作コレクション 3」　ウィリアム・シェイクスピア原作;小田島雄志文;里中満智子絵　汐文社　2016年9月【児童文学】

「逆転裁判 [2]」　高瀬美恵作;菊野郎挿絵　KADOKAWA（角川つばさ文庫）　2017年2月【児童文学】

「アラルエン戦記 10」　ジョン・フラナガン作;入江真佐子訳　岩崎書店　2017年3月【児童文学】

「昔話法廷 Season2」　NHKEテレ「昔話法廷」制作班編;オカモト國ヒコ原作;イマセン法律監修;伊野孝行挿画　金の星社　2017年9月【児童文学】

「昔話法廷 Season3」　NHKEテレ「昔話法廷」制作班編;坂口理子原作;イマセン法律監修;伊野孝行挿画　金の星社　2018年6月【児童文学】

「呪術法律家ミカヤ」　大桑康博著　集英社（ダッシュエックス文庫）　2016年2月【ライトノベル・ライト文芸】

「無法の弁護人 : 法廷のペテン師」　師走トオル著　KADOKAWA（ノベルゼロ）　2016年2月【ライトノベル・ライト文芸】

「無法の弁護人 2」　師走トオル著　KADOKAWA（ノベルゼロ）　2016年6月【ライトノベル・ライト文芸】

「無法の弁護人 3」　師走トオル著　KADOKAWA（ノベルゼロ）　2017年2月【ライトノベル・ライト文芸】

「剣と魔法と裁判所 = SWORD AND MAGIC AND COURTHOUSE 2」　蘇之一行著　KADOKAWA（電撃文庫）　2017年11月【ライトノベル・ライト文芸】

「法廷の王様 : 弁護士・霧島連次郎」　間宮夏生著　KADOKAWA（メディアワークス文庫）　2018年12月【ライトノベル・ライト文芸】

「やさしい魔女の救いかた」　井上悠宇著　LINE（LINE文庫）　2019年11月【ライトノベル・ライト文芸】

司法書士
しほうしょし

法律にかかわる手続きを手伝う仕事です。例えば、家や土地を買ったときに、その所有者が変わったことを役所に届け出る手伝いをします。また、会社を作るときの書類を作ったり、借金の問題を解決するために相談に乗ったりすることもあります。さらに、裁判をするときに必要な書類を作るサポートもします。司法書士は、法律のルールを守りながら手続きを進めることで、みんなが安心して暮らせるようにする大切な職業で、法律の知識と丁寧さが必要です。

▶ お仕事について詳しく知るには

「新13歳のハローワーク」　村上龍 著;はまのゆか 絵　幻冬舎　2010年3月【学習支援本】

「治安・法律・経済のしごと：人気の職業早わかり!」　PHP研究所 編　PHP研究所　2011年9月【学習支援本】

「10代のための仕事図鑑 = The career guide for teenagers：未来の入り口に立つ君へ」　大泉書店編集部 編　大泉書店　2017年4月【学習支援本】

「ときめきハッピーおしごと事典スペシャル―キラかわ★ガール」　おしごとガール研究会 著　ナツメ社　2017年12月【学習支援本】

「ポプラディアプラス仕事・職業 = POPLAR ENCYCLOPEDIA PLUS Career Guide. 2　ポプラ社　2018年4月【学習支援本】

「夢をそだてるみんなの仕事300：野球選手/花屋 サッカー選手 医師/警察官 研究者/消防士 パティシエ 新幹線運転士 パイロット 美容師/モデル ユーチューバー アニメ監督 宇宙飛行士ほか　講談社　2018年11月【学習支援本】

3 法律にかかわる仕事

行政書士

役所に提出する書類を作ったり、手続きを手伝ったりする仕事です。例えば、会社を始めたいときに必要な書類を準備したり、外国の人が日本で住むためのビザ申請を手伝ったりします。また、遺言書や契約書といった大切な書類を作るサポートもします。行政書士は、法律や手続
きがわかりにくい人たちにわかりやすく説明して、安心して手続きが進むようにお手伝いします。みんなの生活や仕事がスムーズにいくよう支える、社会にとって大切な職業です。

▶ お仕事について詳しく知るには

「治安・法律・経済のしごと:人気の職業早わかり!」 PHP研究所 編 PHP研究所 2011年9月【学習支援本】

「夢をかなえる職業ガイド:あこがれの仕事を調べよう!ー楽しい調べ学習シリーズ」 PHP研究所 編 PHP研究所 2015年8月【学習支援本】

「夢のお仕事さがし大図鑑:名作マンガで「すき!」を見つける 3」 夢のお仕事さがし大図鑑編集委員会 編 日本図書センター 2016年9月【学習支援本】

「10代のための仕事図鑑 = The career guide for teenagers:未来の入り口に立つ君へ」 大泉書店編集部 編 大泉書店 2017年4月【学習支援本】

「ポプラディアプラス仕事・職業 = POPLAR ENCYCLOPEDIA PLUS Career Guide. 2 ポプラ社 2018年4月【学習支援本】

「夢をそだてるみんなの仕事300:野球選手/花屋 サッカー選手 医師/警察官 研究者/消防士 パティシエ 新幹線運転士 パイロット 美容師/モデル ユーチューバー アニメ監督 宇宙飛行士ほか」 講談社 2018年11月【学習支援本】

「おしごと年鑑:みつけよう、なりたい自分」 谷和樹 監修;朝日新聞社 編 朝日新聞出版 2019年7月【学習支援本】

「大人になったらしたい仕事:「好き」を仕事にした35人の先輩たち. 3」 朝日中高生新聞編集部 [編著] 朝日学生新聞社 2019年8月学習支援本】

「行政書士になるにはーなるにはBOOKS;108」 三田達治 編著 ぺりかん社 2020年1月【学習支援本】

公認会計士

お金の管理や計算が正しく行われているかをチェックする仕事です。例えば、大きな会社がどれくらいお金を使ったか、どれくらい稼いだかを記録した「決算書」が正しいかを調べます。もし問題があれば、会社にアドバイスをして改善する手助けをします。

また、会社がもっと良い経営ができるように相談に乗ることもあります。公認会計士は、お金に関する専門知識を使い、社会全体が安心して取引や経済活動ができるように支える、とても大切な職業です。

▶ お仕事について詳しく知るには

「キャリア教育に活きる!仕事ファイル:センパイに聞く 14」 小峰書店編集部編著　小峰書店　2019年4月【学習支援本】

「商業高校から一橋大学に入って公認会計士試験に合格した話」 藤本拓也著　とりい書房第二編集部　2019年6月【学習支援本】

▶ お仕事の様子をお話で読むには

「女子大生会計士の事件簿 DX.6 (ラストダンスは私(わたし)に)」 山田真哉著　角川書店(角川文庫)　2010年5月【ライトノベル・ライト文芸】

「大日本サムライガール 4」 至道流星著　星海社(星海社FICTIONS)　2013年1月【ライトノベル・ライト文芸】

3 法律にかかわる仕事

税理士

税金に関する仕事を専門にしています。例えば、会社やお店がお金を稼いだときに、いくら税金を払えばいいのかを計算したり、その手続きをサポートしたりします。また、税金のルールはとても複雑なので、わからないことを教えたり、節約できる方法をア  ドバイスしたり、税金に関するトラブルがあったときには解決のお手伝いをしたりします。税理士は、みんなが正しく税金を納めて、安心して仕事や生活ができるように支える大切な職業です。

▶ お仕事について詳しく知るには

「税理士になるには 改訂版」 西山恭博著 ぺりかん社（なるにはBOOKS） 2018年12月【学習支援本】

「夏休みの自由研究のテーマにしたい「税」の話―別冊税務弘報」 別冊税務弘報編集部編 中央経済社 2020年4月【学習支援本】

▶ お仕事の様子をお話で読むには

「トッカン the 3rd (おばけなんてないさ)」 高殿円著 早川書房（ハヤカワ文庫 JA） 2014年3月【ライトノベル・ライト文芸】

「あいるさん、これは経費ですか？：東京芸能会計事務所」 山田真哉著 KADOKAWA（角川文庫） 2014年11月【ライトノベル・ライト文芸】

「結婚指輪は経費ですか？―東京芸能会計事務所」 山田真哉著 KADOKAWA（角川文庫） 2015年3月【ライトノベル・ライト文芸】

「ツバサの脱税調査日記」 大村大次郎著 幻冬舎（幻冬舎文庫） 2019年4月【ライトノベル・ライト文芸】

弁理士
べんりし

新しいアイデアや発明を守る仕事です。例えば、誰かが便利な機械や新しい商品を発明したときに、それを「特許」として登録するお手伝いをします。また、デザインやブランドの名前を守るための「商標」の手続きもサポートします。弁理士は、発明した人の大切なアイデアが他の人に勝手に使われないようにするため、法律を使って守ります。この仕事は、新しいものを作る人たちが安心して活躍できるように支える、とても大切な役割を果たしています。

▶お仕事について詳しく知るには

「キャリア教育に活きる!仕事ファイル：センパイに聞く 24」　小峰書店編集部編著　小峰書店　2020年4月【学習支援本】

「学校で知っておきたい知的財産権 3」　おおつかのりこ文;細野哲弘監修;藤原ヒロコ絵　汐文社　2021年1月【学習支援本】

「弁理士になるには 改訂版―なるにはBOOKS ; 40」　藤井久子著　ぺりかん社　2021年4月【学習支援本】

4

公務員や安全、法律に関する知識

4 公務員や安全、法律に関する知識

裁判、訴訟

意見が合わなかったりトラブルが起きたりしたときに、法律を使って正しい答えを決める話し合いの場です。例えば、お金の貸し借りや約束が守られなかったときに、裁判所で解決します。裁判では、裁判官が証拠や話を聞き、どちらが正しいかを公平に判断します。意見を伝え
るのは弁護士、証拠を出すのは訴えた人や訴えられた人です。裁判は、みんなが安心して暮らせるように、トラブルを公正に解決するための仕組みです。法律のルールに従って行われる、大切な話し合いです。

▶ お仕事の様子をお話で読むには

「みよさんのたたかいとねがい：イタイイタイ病のえほん」　金澤敏子文;生地京子絵　イタイイタイ病を語り継ぐ会　2021年12月【絵本】

「さらば、おやじどの 復刻版―理論社の大長編シリーズ 復刻版」　上野瞭作;田島征三絵　理論社　2010年1月【児童文学】

「かめ200円」　岩崎京子作;杉浦範茂絵　フレーベル館　2010年8月【児童文学】

「せかいのブタばんざい！ ―fukkan.com」　大海赫著　復刊ドットコム　2010年11月【児童文学】

「井戸の中の虎 上―Sogen bookland. サリー・ロックハートの冒険；3」　フィリップ・プルマン著;山田順子訳　東京創元社　2010年11月【児童文学】

「少年弁護士セオの事件簿1（なぞの目撃者）」　ジョン・グリシャム作;石崎洋司訳　岩崎書店　2011年9月【児童文学】

「少年弁護士セオの事件簿2（誘拐ゲーム）」　ジョン・グリシャム作;石崎洋司訳　岩崎書店　2011年11月【児童文学】

「まるせぷ森きらわれ者のかかしの裁判」　森友遊著　ブイツーソリューション　2012年7月【児童文学】

「少年弁護士セオの事件簿3（消えた被告人）」　ジョン・グリシャム作;石崎洋司訳　岩崎書店　2012年11月【児童文学】

「沈黙の殺人者―海外ミステリーBOX」　ダンディ・デイリー・マコール作;武富博子訳　評

論社　2013年3月【児童文学】

「ナゾトキ姫と魔本の迷宮(ラビリンス)」　蜜家ビィ著;阿南まゆき原作・イラスト　小学館(小学館ジュニア文庫)　2013年5月【児童文学】

「笑い猫の5分間怪談 = The Laughing Cat's 5-minute Spooky Stories 7 上製版」　那須田淳責任編集・作　KADOKAWA　2016年7月【児童文学】

「ザ・ヘイト・ユー・ギヴ:あなたがくれた憎しみ—海外文学コレクション;6」　アンジー・トーマス作;服部理佳訳　岩崎書店　2018年3月【児童文学】

「昔話法廷 Season3」　NHKEテレ「昔話法廷」制作班編;坂口理子原作;イマセン法律監修;伊野孝行挿画　金の星社　2018年6月【児童文学】

「魔女裁判の秘密」　樹葉作;北見葉胡絵　文研出版(文研じゅべにーる)　2019年3月【児童文学】

「昔話法廷 Season4」　NHKEテレ「昔話法廷」制作班編;坂口理子原作;イマセン法律監修;伊野孝行挿画　金の星社　2019年9月【児童文学】

「ルイスと不思議の時計 5」　ジョン・ベレアーズ作;三辺律子訳　静山社　2019年12月【児童文学】

「少年弁護士セオの事件簿 7」　ジョン・グリシャム作;石崎洋司訳　岩崎書店　2021年5月【児童文学】

「昔話法廷 Season5」　NHKEテレ「昔話法廷」制作班編;森下佳子原作;イマセン法律監修;伊野孝行挿画　金の星社　2021年11月【児童文学】

「僕はお父さんを訴えます」　友井羊著　宝島社(宝島社文庫)　2013年3月【ライトノベル・ライト文芸】

「河原町ルヴォワール」　円居挽著　講談社(講談社BOX)　2014年3月【ライトノベル・ライト文芸】

「法律は嘘とお金の味方です。:京都御所南、吾妻法律事務所の法廷日誌 3」　永瀬さらさ著　集英社(集英社オレンジ文庫)　2020年8月【ライトノベル・ライト文芸】

「麻倉玲一は信頼できない語り手」　太田忠司 著　徳間書店(徳間文庫)　2021年4月【ライトノベル・ライト文芸】

4 公務員や安全、法律に関する知識

憲法、法律

みんなが安心して平和に暮らせるように決められたルールのことです。憲法は、国の中で一番大切なルールで、人々の権利を守ったり、国の仕組みを決めたりしています。例えば、自由に意見を言えることや、学校で勉強する権利が憲法に書かれています。一方、法律は、もっと具体的なルールです。例えば、交通ルールや働き方の決まりなど、毎日の生活に関係することが多いです。憲法と法律は、みんなが仲良く平等に暮らせるようにするための、とても大切な約束です。

▶ **お仕事について詳しく知るには**

「暴力はいけないことだと誰もがいうけれど―14歳の世渡り術」 萱野稔人著 河出書房新社 2010年2月【学習支援本】

「13歳からの法学部入門」 荘司雅彦著 幻冬舎(幻冬舎新書) 2010年5月【学習支援本】

「ジュニアのための貧困問題入門：人として生きるために」 久保田貢編 平和文化 2010年10月【学習支援本】

「トラブル回避!中・高生のための法律ガイドブック」 喜成清重著 日本加除出版 2010年11月【学習支援本】

「目で見る政治：国家のしくみと私たちの選択」 アンドルー・マー著;大塚道子訳 さ・え・ら書房 2010年12月【学習支援本】

「しくみがわかる政治とくらし大事典1(「憲法」があらわす国のかたち)」 福岡政行監修 学研教育出版 2011年2月【学習支援本】

「国会へ行こう!1(国会ってしってる?)」 阪上順夫監修 教育画劇 2011年3月【学習支援本】

「日本(にっぽん)のもと 憲法」 宮崎哲弥監修 講談社 2011年3月【学習支援本】

「「けんぽう」のおはなし」 井上ひさし原案;武田美穂絵 講談社 2011年4月【学習支援本】

「君たちが働き始める前に知っておいてほしいこと 改訂」 大内伸哉著 労働調査会出版局 2011年8月【学習支援本】

「中高生からの平和憲法Q&A」 高田健;舘正彦著 晶文社 2011年8月【学習支援本】

「未成年のための法律入門」 愛甲栄治著 毎日コミュニケーションズ(マイコミ新書)

2011年8月【学習支援本】

「治安・法律・経済のしごと：人気の職業早わかり！」 PHP研究所編 PHP研究所 2011年9月【学習支援本】

「きみが選んだ死刑のスイッチ 増補―よりみちパン!セ；P021」 森達也著 イースト・プレス 2011年11月【学習支援本】

「大図解国会議事堂：日本の政治のしくみ―社会科・大図解シリーズ」 国土社編集部編 国土社 2012年1月【学習支援本】

「58の用語でわかる!防災なるほど解説 下巻 (災害応急対策●災害復旧・復興●災害対策関係の法律)」 安全・安心な社会創造研究所監修 フレーベル館 2012年2月【学習支援本】

「私たちがつくる社会：おとなになるための法教育」 高作正博編 法律文化社 2012年3月【学習支援本】

「歴史を知ろう明治から平成 4 (昭和 2)」 「歴史を知ろう明治から平成」編集委員会編 岩崎書店 2012年3月【学習支援本】

「エネルギーあなたはどれを選ぶ? 2 (太陽、風力、地熱エネルギー)」 岡田久典監修 さ・え・ら書房 2012年6月【学習支援本】

「Q&A式自転車完全マスター 1」 こどもくらぶ企画・編集・著 ベースボール・マガジン社 2012年7月【学習支援本】

「代理母問題を考える―〈知の航海〉シリーズ」 辻村みよ子著 岩波書店(岩波ジュニア新書) 2012年9月【学習支援本】

「イラストで学べる政治のしくみ 1 (わたしたちのくらしと政治)」 大野一夫編著 汐文社 2012年11月【学習支援本】

「もっと知りたい!お年よりのこと 3 (お年よりがくらしやすい社会へ)」 服部万里子監修 岩崎書店 2013年1月【学習支援本】

「イラストで学べる政治のしくみ 2 (国会・内閣・裁判所・地方自治)」 大野一夫編著 汐文社 2013年2月【学習支援本】

「きみが考える・世の中のしくみ 2 (憲法ってどんなもの?)」 峯村良子作・絵 偕成社 2013年3月【学習支援本】

「きみが考える・世の中のしくみ 3 (法律と裁判ってなに?)」 峯村良子作・絵 偕成社 2013年3月【学習支援本】

「ふたりのママから、きみたちへ―よりみちパン!セ；P061」 東小雪著;増原裕子著 イースト・プレス 2013年12月【学習支援本】

「明治天皇：近代日本の基を定められて―まほろばシリーズ；8」 勝岡寛次著 明成社 2014年1月【学習支援本】

「まんがと図解でわかる裁判の本：こんなとき、どうする?どうなる? 1 (くらしのなかの大事件)」 山田勝彦監修 岩崎書店 2014年2月【学習支援本】

「まんがと図解でわかる裁判の本：こんなとき、どうする?どうなる? 3 (家族や親せきのもめごと)」 山田勝彦監修 岩崎書店 2014年2月【学習支援本】

4 公務員や安全、法律に関する知識

「まんがと図解でわかる裁判の本：こんなとき、どうする?どうなる? 4 (お金のことで困ったら)」　山田勝彦監修　岩崎書店　2014年3月【学習支援本】

「まんがと図解でわかる裁判の本：こんなとき、どうする?どうなる? 6 (環境・いのち・権利を守る)」　山田勝彦監修　岩崎書店　2014年3月【学習支援本】

「憲法読本 第4版」　杉原泰雄著　岩波書店(岩波ジュニア新書)　2014年3月【学習支援本】

「うさぎのヤスヒコ、憲法と出会う：サル山共和国が守るみんなの権利―「なるほどパワー」の法律講座」　西原博史著;山中正大絵　太郎次郎社エディタス　2014年4月【学習支援本】

「おさるのトーマス、刑法を知る：サル山共和国の事件簿―「なるほどパワー」の法律講座」　仲道祐樹著;山中正大絵　太郎次郎社エディタス　2014年4月【学習支援本】

「14歳からわかる生命倫理―14歳の世渡り術」　雨宮処凛著　河出書房新社　2014年5月【学習支援本】

「十代のきみたちへ：ぜひ読んでほしい憲法の本」　日野原重明著　冨山房インターナショナル　2014年5月【学習支援本】

「はじめて学ぶ憲法教室 第1巻 (憲法はだれに向けて書かれているの?)」　菅間正道著　新日本出版社　2014年6月【学習支援本】

「子どもと話すマッチョってなに?」　クレマンティーヌ・オータン著;山本規雄訳　現代企画室　2014年6月【学習支援本】

「五日市憲法草案をつくった男・千葉卓三郎―くもんの児童文学」　伊藤始著;杉田秀子著;望月武人著　くもん出版　2014年9月【学習支援本】

「こんなにすごい!日本国憲法：マンガで再発見 シリーズ1」　上田勝美監修　かもがわ出版　2014年10月【学習支援本】

「はじめての日本国憲法：役割は?私たちとのつながりは?―楽しい調べ学習シリーズ」　青井未帆著　PHP研究所　2014年10月【学習支援本】

「10代の憲法な毎日」　伊藤真著　岩波書店(岩波ジュニア新書)　2014年11月【学習支援本】

「はじめて学ぶ憲法教室 第2巻 (人の心に国は立ち入れない)」　菅間正道著　新日本出版社　2014年11月【学習支援本】

「こんなにすごい!日本国憲法：マンガで再発見 シリーズ2」　上田勝美監修　かもがわ出版　2014年12月【学習支援本】

「はじめて学ぶ憲法教室 第3巻 (人間らしく生きるために)」　菅間正道著　新日本出版社　2015年2月【学習支援本】

「はじめて学ぶ憲法教室 第4巻 (憲法9条と沖縄)」　菅間正道著　新日本出版社　2015年2月【学習支援本】

「ドラえもん社会ワールド憲法って何だろう―ビッグ・コロタン；140」　藤子・F・不二雄まんが;藤子プロ監修;東京弁護士会監修;小学館ドラえもんルーム編　小学館　2015年4月【学習支援本】

「あなたこそたからもの：けんぽうのえほん」　いとうまことぶん;たるいしまこえ　大月書店　2015年5月【学習支援本】

「よくわかる自衛隊：役割から装備品・訓練内容まで―楽しい調べ学習シリーズ」 志方俊之監修 PHP研究所 2015年5月【学習支援本】

「18歳選挙権の担い手として：高校生は憲法・沖縄・核被災を学ぶ」 東京高校生平和ゼミナール連絡会編 平和文化 2015年7月【学習支援本】

「リサとなかまたち、民法に挑む：サル山共和国で考えるルールの作り方―「なるほどパワー」の法律講座」 大村敦志著;山中正大絵 太郎次郎社エディタス 2015年8月【学習支援本】

「いのちの学校」 柳沢智子著 夏葉社 2015年12月【学習支援本】

「よくわかる知的財産権：知らずに侵害していませんか?―楽しい調べ学習シリーズ」 岩瀬ひとみ監修 PHP研究所 2016年1月【学習支援本】

「ものすごくわかりやすい民法の授業 第3版」 尾崎哲夫著 自由国民社 2016年2月【学習支援本】

「法むるーむ：高校生からの法律相談」 法むるーむネット編集・執筆 清水書院 2016年3月【学習支援本】

「したがう?したがわない?どうやって判断するの?―10代の哲学さんぽ；6」 ヴァレリー・ジェラール文;クレマン・ポール絵;伏見操訳 岩崎書店 2016年4月【学習支援本】

「18歳からの投票心得10カ条」 石田尊昭著 世論時報社 2016年6月【学習支援本】

「国家を考えてみよう」 橋本治著 筑摩書房（ちくまプリマー新書） 2016年6月【学習支援本】

「投票に行きたくなる国会の話」 政野淳子著 筑摩書房（ちくまプリマー新書） 2016年6月【学習支援本】

「転換期を生きるきみたちへ：中高生に伝えておきたいたいせつなこと―犀の教室Liberal Arts Lab」 内田樹編 晶文社 2016年7月【学習支援本】

「よくわかる改憲問題：高校生と語りあう日本の未来：かわはら先生の憲法出前授業」 川原茂雄著 明石書店 2016年9月【学習支援本】

「憲法と君たち 復刻新装版」 佐藤功著 時事通信出版局 2016年10月【学習支援本】

「ホワット・イズ・ディス?：むずかしいことをシンプルに言ってみた」 ランドール・マンロー著;吉田三知世訳 早川書房 2016年11月【学習支援本】

「外来生物ずかん：見る知る考えるずかん」 五箇公一監修;ネイチャー&サイエンス編著;ひらのあすみイラスト ほるぷ出版 2016年11月【学習支援本】

「高校生からわかる社会科学の基礎知識」 酒井峻一著 ベレ出版 2016年11月【学習支援本】

「裁判所ってどんなところ?：司法の仕組みがわかる本」 森炎著 筑摩書房（ちくまプリマー新書） 2016年11月【学習支援本】

「憲法くん」 松元ヒロ作;武田美穂絵 講談社 2016年12月【学習支援本】

「今こそ知りたい!三権分立 1」 山根祥利監修;平塚晶人監修;こどもくらぶ編 あすなろ書房 2017年1月【学習支援本】

4 公務員や安全、法律に関する知識

「弁護士のひみつ―学研まんがでよくわかるシリーズ；仕事のひみつ編 6」 おがたたかはる漫画;Willこども知育研究所構成・文 学研プラスメディアビジネス部コンテンツ営業室 2017年2月【学習支援本】

「どう考える?憲法改正 中学生からの「知憲」1」 谷口真由美監修 文溪堂 2017年3月【学習支援本】

「どう考える?憲法改正 中学生からの「知憲」2」 谷口真由美監修 文溪堂 2017年3月【学習支援本】

「どう考える?憲法改正 中学生からの「知憲」3」 谷口真由美監修 文溪堂 2017年3月【学習支援本】

「どう考える?憲法改正 中学生からの「知憲」4」 谷口真由美監修 文溪堂 2017年3月【学習支援本】

「今こそ知りたい!三権分立 3」 こどもくらぶ編 あすなろ書房 2017年3月【学習支援本】

「どうなってるんだろう?子どもの法律：一人で悩まないで!」 山下敏雅編著;渡辺雅之編著 高文研 2017年4月【学習支援本】

「高校生のための憲法入門 = An Introduction to Constitutional Law for High School Students」 斎藤一久編著 三省堂 2017年5月【学習支援本】

「ユニバーサルデザインUDがほんとうにわかる本：見る!知る!考える! 1―Rikuyosha Children & YA Books」 小石新八監修;こどもくらぶ編 六耀社 2017年11月【学習支援本】

「司法の現場で働きたい!：弁護士・裁判官・検察官」 打越さく良編;佐藤倫子編 岩波書店 （岩波ジュニア新書） 2018年3月【学習支援本】

「政治のしくみを知るための日本の府省しごと事典 2」 森田朗監修;こどもくらぶ編 岩崎書店 2018年3月【学習支援本】

「いちばんわかる!日本の省庁ナビ 3」 出雲明子監修 ポプラ社 2018年4月【学習支援本】

「刑務所しか居場所がない人たち：学校では教えてくれない、障害と犯罪の話」 畠山重篤著;スギヤマカナヨ絵 大月書店 2018年5月【学習支援本】

「女子高生が憲法学者小林節に聞いてみた。「憲法ってナニ!?」―ベストセレクト」 畠山重篤著;スギヤマカナヨ絵 ベストブック 2018年5月【学習支援本】

「誰のために法は生まれた」 木庭顕著 朝日出版社 2018年7月【学習支援本】

「おりとライオン：けんぽう絵本」 楳大樹作;今井ヨージ絵 かもがわ出版 2018年9月【学習支援本】

「歴史の読みかた」 野家啓一著;長谷部恭男著;金子勝著;白井聡著;田中優子著;福井憲彦著;福嶋亮大著;柄谷行人著 筑摩書房（ちくまプリマー新書. 中学生からの大学講義） 2018年9月【学習支援本】

「池上彰が解説したい!国民・移民・難民 1」 稲葉茂勝文;池上彰監修;こどもくらぶ編 筑摩書房 2018年11月【学習支援本】

「天皇制ってなんだろう?：あなたと考えたい民主主義からみた天皇制」 宇都宮健児著 平

凡社（中学生の質問箱）　2018年12月【学習支援本】

「18歳までに知っておきたい法のはなし」　神坪浩喜著　みらいパブリッシング　2020年1月【学習支援本】

「13歳からの天皇制：憲法の仕組みに照らして考えよう」　堀新著　かもがわ出版　2020年2月【学習支援本】

「ほとんど憲法：小学生からの憲法入門 下」　木村草太著;朝倉世界一絵　河出書房新社　2020年2月【学習支援本】

「ほとんど憲法：小学生からの憲法入門 上」　木村草太著;朝倉世界一絵　河出書房新社　2020年2月【学習支援本】

「福祉がわかるシリーズ 1」　稲葉茂勝著;池上彰監修　ミネルヴァ書房　2020年2月【学習支援本】

「キャリア教育に活きる!仕事ファイル：センパイに聞く 24」　小峰書店編集部編著　小峰書店　2020年4月【学習支援本】

「議会制民主主義の活かし方：未来を選ぶために」　糠塚康江著　岩波書店（岩波ジュニア新書）　2020年5月【学習支援本】

「人権と自然をまもる法ときまり 1」　笹本潤法律監修;藤田千枝編　大月書店　2020年6月【学習支援本】

「つれてこられただけなのに：外来生物の言い分をきく：生き物たちの心のさけび!」　小宮輝之監修;今井桂三絵;むらもとちひろ絵;ウエタケヨーコ絵;サトウマサノリ絵;有沢重雄構成・文　偕成社　2020年7月【学習支援本】

「はじめての昭和史」　井上寿一著　筑摩書房（ちくまプリマー新書）　2020年8月【学習支援本】

「やさしくわかるデジタル時代の情報モラル 1」　松下孝太郎共著;山本光共著　技術評論社　2020年8月【学習支援本】

「やさしくわかるデジタル時代の情報モラル 2」　松下孝太郎共著;山本光共著　技術評論社　2020年8月【学習支援本】

「やさしくわかるデジタル時代の情報モラル 3」　松下孝太郎共著;山本光共著　技術評論社　2020年8月【学習支援本】

「やさしくわかるデジタル時代の情報モラル 4」　松下孝太郎共著;山本光共著　技術評論社　2020年8月【学習支援本】

「やさしくわかるデジタル時代の情報モラル 5」　松下孝太郎共著;山本光共著　技術評論社　2020年8月【学習支援本】

「現代社会ライブラリーへようこそ! 2020-21」　現代社会ライブラリーへようこそ!編集委員会編集　清水書院　2020年8月【学習支援本】

「小学生からのなんでも法律相談 1巻」　小島洋祐監修;髙橋良祐監修;渡辺裕之監修　文研出版　2020年8月【学習支援本】

「小学生からのなんでも法律相談 2巻」　小島洋祐監修;髙橋良祐監修;渡辺裕之監修　文研出

4 公務員や安全、法律に関する知識

版　2020年9月【学習支援本】

「人権と自然をまもる法ときまり 2」　笹本潤法律監修;藤田千枝編　大月書店　2020年9月
【学習支援本】

「小学生からのなんでも法律相談 3巻」　小島洋祐監修;髙橋良祐監修;渡辺裕之監修　文研出
版　2020年10月【学習支援本】

「ウソみたいだけど実在する!世界のめっちゃスゴい国」　海外情報事業部著　JTBパブリッ
シング　2020年11月【学習支援本】

「学校で知っておきたい知的財産権 2」　おおつかのりこ文;細野哲弘監修;藤原ヒロコ絵　汐
文社　2020年11月【学習支援本】

「憲法の子 : 親から子へとつなぐ自由と希望の礎」　中谷彰吾著;あおきてつお作画　自由国
民社　2020年11月【学習支援本】

「小学生からのなんでも法律相談 4巻」　小島洋祐監修;髙橋良祐監修;渡辺裕之監修　文研出
版　2020年11月【学習支援本】

「人権と自然をまもる法ときまり 3」　笹本潤法律監修;藤田千枝編　大月書店　2020年11月
【学習支援本】

「今、世界はあぶないのか?ルールと責任」　ルイーズ・スピルズベリー文;ハナネ・カイ絵;
大山泉訳　評論社(評論社の児童図書館・絵本の部屋)　2020年12月【学習支援本】

「小学生からのなんでも法律相談 5巻」　小島洋祐監修;髙橋良祐監修;渡辺裕之監修　文研出
版　2020年12月【学習支援本】

「人権と自然をまもる法ときまり 4」　笹本潤法律監修;藤田千枝編　大月書店　2021年3月
【学習支援本】

「池上彰の世界の見方 = Akira Ikegami,How To See the World アメリカ2」　池上彰著　小
学館　2021年3月【学習支援本】

「おとなを動かす悩み相談クエスト : こども六法NEXT」　山崎聡一郎監修;森井ケンシロウ漫
画;古城宏漫画原作　小学館　2021年4月【学習支援本】

「ドラえもん社会ワールドspecialみんなのための法律入門—ビッグ・コロタン ; 187」　藤子・
F・不二雄まんが;藤子プロ監修;東京弁護士会子どもの人権と少年法に関する特別委員会監
修　小学館　2021年5月【学習支援本】

「わかる!役に立つ!法律の教科書—かしこガールのキラキラLesson」　夏目麻央監修　学研
プラス　2021年6月【学習支援本】

「開廷!こども裁判 : まんがこども六法」　山崎聡一郎原案;伊藤みんごまんが;伊藤ハムスター
絵;飯田亮真監修代表;板谷直樹監修;ほか監修　講談社　2021年7月【学習支援本】

「現代社会ライブラリーへようこそ! 2021-22」　現代社会ライブラリーへようこそ!編集委員
会著・編集　清水書院　2021年8月【学習支援本】

「法は君のためにある : みんなとうまく生きるには?」　小貫篤著　筑摩書房(ちくまQブック
ス)　2021年10月【学習支援本】

「データで変わる!産業とくらし 1」　稲田修一監修　小峰書店　2021年11月【学習支援本】

「ぼくらの時代の罪と罰：きみが選んだ死刑のスイッチ 増補新版」 森達也　ミツイパブリッシング　2021年12月【学習支援本】

「学校で知っておきたい著作権 1 改訂新版」　小寺信良著;上沼紫野監修;インターネットユーザー協会監修　汐文社　2021年12月【学習支援本】

「月別カレンダーで1からわかる!日本の政治」 伊藤賀一監修　小峰書店　2021年12月【学習支援本】

調停
ちょうてい

人と人の間で起きたトラブルを話し合いで解決する方法です。例えば、お金の貸し借りや土地の使い方、家族の問題などで意見が合わないとき、裁判所で調停を受けることができます。調停では、調停委員と呼ばれる公平な立場の人が間に入って、どちらの意見も丁寧に聞きながら、みんなが納得

できる解決方法を探します。調停は裁判と違って、早く進むことが多く、話し合いによってトラブルをやさしく解決することができます。みんなが仲直りできるようにする大切な仕組みです。

▶ お仕事の様子をお話で読むには

「すべては平和のために―文学のピースウォーク」　濱野京子作;白井裕子絵　新日本出版社　2016年5月【児童文学】

4 公務員や安全、法律に関する知識

国防

日本を守り、みんなが安心して暮らせるようにするための仕組みや活動のことです。例えば、他の国から日本を攻撃されないように見張ったり、大きな災害が起きたときに人々を助けたりすることも国防の一部です。この仕事をしているのが自衛隊で、陸、海、空でそれぞれの役割があります。国防は、戦争やトラブルを防ぎ、日本の平和を守るためにとても大切な仕組みです。みんなが安全に生活できるよう、世界と協力しながら働いています。

▶お仕事について詳しく知るには

「高校生にも読んでほしい海の安全保障の授業：日本人が知らない南シナ海の大問題！」 佐藤正久著　ワニブックス　2016年12月【学習支援本】

「どうなってるの?税金の使われ方 2」『税金の使われ方』編集委員会編著　汐文社　2020年1月【学習支援本】

▶お仕事の様子をお話で読むには

「蒼き戦記 星と語れる者」 吉橋通夫作;瀬島健太郎絵　角川書店（角川つばさ文庫）　2010年1月【児童文学】

「イースターラビットのキャンディ工場」 水稀しま著;シンコ・ポール原案;ケン・ダウリオ原案;シンコ・ポール脚本;ケン・ダウリオ脚本;ブライアン・リンチ脚本　小学館（小学館ジュニアシネマ文庫）　2011年7月【児童文学】

「ほんとうのフローラ：一万一千の部屋を持つ屋敷と魔法の執事 下」 イザボー・S・ウィルス著;杉田七重訳　東京創元社　2012年1月【児童文学】

「ほんとうのフローラ：一万一千の部屋を持つ屋敷と魔法の執事 上」 イザボー・S・ウィルス著;杉田七重訳　東京創元社　2012年1月【児童文学】

「女子ーズ」 浜崎達也著;福田雄一監修・脚本　小学館（小学館ジュニアシネマ文庫）　2014年6月【児童文学】

「ONE PIECE：みらい文庫版 [10] (エピソードオブアラバスタ砂漠の王女と海賊たち)」 尾

田栄一郎原作;浜崎達也著;東映アニメーション絵　集英社（集英社みらい文庫）　2014年7月【児童文学】

「キャプテン☆アメリカ ウィンター・ソルジャー」　クリストファー・マルクス脚本;スティーヴン・マクフィーリー脚本;有馬さとこ訳　講談社　2014年10月【児童文学】

「GAMBA：ガンバと仲間たち」　時海結以著;古沢良太脚本　小学館（小学館ジュニア文庫）2015年9月【児童文学】

「消えた王―カーシア国3部作；2」　ジェニファー・A・ニールセン作;橋本恵訳　ほるぷ出版　2015年9月【児童文学】

「小説七つの大罪-外伝-彼らが残した七つの傷跡」　松田朱夏著;鈴木央原作・イラスト　講談社（KCDX）　2015年10月【児童文学】

「ユニコーンの乙女 [3] (決戦のとき)」　牧野礼作;sime絵　講談社（講談社青い鳥文庫）2015年11月【児童文学】

「ねらわれた王座―カーシア国3部作；3」　ジェニファー・A・ニールセン作;橋本恵訳　ほるぷ出版　2016年9月【児童文学】

「王様に恋した魔女」　柏葉幸子作;佐竹美保絵　講談社　2016年9月【児童文学】

「フォール：自由への落下 上―地底都市コロニア；5」　ロデリック・ゴードン著;ブライアン・ウィリアムズ著;橋本恵訳　学研プラス　2017年3月【児童文学】

「浜村渚の計算ノート 1」　青柳碧人作;桐野壱絵　講談社（講談社青い鳥文庫）　2019年9月【児童文学】

「僕のヒーローアカデミアTHE MOVIEワールドヒーローズミッション：ノベライズみらい文庫版」　堀越耕平原作・総監修・キャラクター原案;黒田洋介脚本;小川彗著　集英社（集英社みらい文庫）　2021年8月【児童文学】

「ガンパレード・マーチ逆襲の刻(とき) 津軽強襲」　榊涼介著　アスキー・メディアワークス（電撃文庫）　2010年1月【ライトノベル・ライト文芸】

「ガンパレード・マーチ逆襲の刻(とき) 弘前防衛」　榊涼介著　アスキー・メディアワークス（電撃文庫）　2010年2月【ライトノベル・ライト文芸】

「ガンパレード・マーチ逆襲の刻(とき) 青森血戦」　榊涼介著　アスキー・メディアワークス（電撃文庫）　2010年3月【ライトノベル・ライト文芸】

「ガンパレード・マーチ逆襲の刻(とき) 欧亜作戦」　榊涼介著　アスキー・メディアワークス（電撃文庫）　2010年5月【ライトノベル・ライト文芸】

「地球の切り札(ジョーカー) 1 (彼女は最終兵器になりました。)」　鷹見一幸著　角川書店（角川文庫.角川スニーカー文庫）　2010年6月【ライトノベル・ライト文芸】

「羽月莉音の帝国 3」　至道流星著　小学館（ガガガ文庫）　2010年7月【ライトノベル・ライト文芸】

「ガンパレード・マーチ逆襲の刻(とき) 極東終戦」　榊涼介著　アスキー・メディアワークス（電撃文庫）　2010年8月【ライトノベル・ライト文芸】

「地球の切り札(ジョーカー) 2 (先生に魔改造されました。)」　鷹見一幸著　角川書店（角川

4 公務員や安全、法律に関する知識

文庫.角川スニーカー文庫） 2010年10月【ライトノベル・ライト文芸】

「スプラッシュ・ワン！：わたしのファルコン」 夏見正隆著　朝日新聞出版（朝日ノベルズ）
2011年5月【ライトノベル・ライト文芸】

「ガンパレード・マーチ2K（にせん）北海道独立 4」 榊涼介著　アスキー・メディアワーク
ス（電撃文庫） 2011年7月【ライトノベル・ライト文芸】

「侵略教師星人ユーマ 2」 エドワード・スミス著　アスキー・メディアワークス（メディア
ワークス文庫） 2012年7月【ライトノベル・ライト文芸】

「東のエデン：小説」 神山健治著　メディアファクトリー（MF文庫ダ・ヴィンチ） 2012年
9月【ライトノベル・ライト文芸】

「かんづかさ 3（朱に染まる空）」 くしまちみなと著　一二三書房（桜ノ杜ぶんこ） 2013年
3月【ライトノベル・ライト文芸】

「ガンパレード・マーチアナザー・プリンセス ＝ Gunparade March another princess」 芝
村裕吏著　アスキー・メディアワークス（電撃文庫） 2013年9月【ライトノベル・ライト文芸】

「ニート系戦隊らぶりぃー・りとる・どろっぷす」 芦屋六月著　KADOKAWA（電撃文庫）
2013年10月【ライトノベル・ライト文芸】

「ガンパレード・マーチ2K西海岸編 3」 榊涼介著　KADOKAWA（電撃文庫） 2013年11月
【ライトノベル・ライト文芸】

「焦焔の街の英雄少女 2」 八薙玉造著　KADOKAWA（MF文庫J） 2014年9月【ライトノベ
ル・ライト文芸】

「焦焔の街の英雄少女 3」 八薙玉造著　KADOKAWA（MF文庫J） 2014年12月【ライトノ
ベル・ライト文芸】

「災厄戦線のオーバーロード」 日暮晶著　KADOKAWA（富士見ファンタジア文庫） 2015
年1月【ライトノベル・ライト文芸】

「ハロー・ワールド ＝ Hello World 2」 仙波ユウスケ著　講談社（講談社ラノベ文庫）
2015年7月【ライトノベル・ライト文芸】

「災厄戦線のオーバーロード 3」 日暮晶著　KADOKAWA（富士見ファンタジア文庫）
2015年8月【ライトノベル・ライト文芸】

「東京ドラゴンストライク ＝ TOKYO DRAGON STRIKE」 長田信織著　KADOKAWA（電
撃文庫） 2015年8月【ライトノベル・ライト文芸】

「ガンパレード・マーチ2K未来へ 4」 榊涼介著　KADOKAWA（電撃文庫） 2015年9月【ラ
イトノベル・ライト文芸】

「戦闘機少女クロニクル ＝ Fighter Girl Chronicle」 瑠莉丸タクマ著　KADOKAWA（電撃
文庫） 2015年11月【ライトノベル・ライト文芸】

「勇者王ガオガイガーFINAL plus―THE KING OF BRAVES GAOGAIGAR NOVEL ; 02」
矢立肇原作;竹田裕一郎著　新紀元社（MORNING STAR BOOKS） 2016年9月【ライトノベ
ル・ライト文芸】

「リトルアーモリー ＝ LITTLE ARMORY：だから、少女は撃鉄を起こす：1/12 SCALE

MILITARY SERIES」 トミーテック原作;おかざき登著 実業之日本社（Jノベルライト）
2016年12月【ライトノベル・ライト文芸】

「女王陛下と呼ばないで [2]」 柏てん著 KADOKAWA（角川ビーンズ文庫） 2018年2月
【ライトノベル・ライト文芸】

「リトルアーモリーエクステンド = Little Armory EXTEND : 放課後のフロントライン アク
リルフィギュア付限定版―1/12 SCALE MILITARY SERIES Little Armory」 トミーテック
原作;おかざき登著;指定防衛校戦技研監修 マイクロマガジン社（BOOK BLAST） 2018年
8月【ライトノベル・ライト文芸】

「リトルアーモリーエクステンド = Little Armory EXTEND : 放課後のフロントライン―
1/12 SCALE MILITARY SERIES Little Armory」 トミーテック原作;おかざき登著;指定防
衛校戦技研監修 マイクロマガジン社（BOOK BLAST） 2018年8月【ライトノベル・ライ
ト文芸】

「花園 上」 椎名寅生著 星海社（星海社FICTIONS） 2018年10月【ライトノベル・ライト
文芸】

「花園 下」 椎名寅生著 星海社（星海社FICTIONS） 2018年11月【ライトノベル・ライト
文芸】

「神様の子守はじめました。 11」 霜月りつ著 コスミック出版（コスミック文庫α） 2019
年12月【ライトノベル・ライト文芸】

「落第騎士の英雄譚(キャバルリィ) 18」 海空りく著 SBクリエイティブ（GA文庫） 2020
年6月【ライトノベル・ライト文芸】

「ダンジョン・バスターズ = Dungeon Busters : 中年男ですが庭にダンジョンが出現したの
で世界を救います 2」 篠崎冬馬著 オーバーラップ（OVERLAP NOVELS） 2020年12月
【ライトノベル・ライト文芸】

「銀河連合日本Age after [4]」 松本保羽著 星海社（星海社FICTIONS） 2021年6月【ライ
トノベル・ライト文芸】

4 公務員や安全、法律に関する知識

検視

人が亡くなったときに、その理由や状況を調べることです。例えば、事故や事件で亡くなった場合、どうしてそうなったのかを確認するために行います。検視を行うのは「検視官」と呼ばれる専門の人たちで、警察や医師と一緒に現場を調べたり、体を詳しく調べたりします。検視は、亡くなった人の真実を明らかにするだけでなく、同じような事故や事件が起きないようにするためにも大切な仕事です。公平で正確な調査が、みんなの安心や安全につながっています。

▶ お仕事の様子をお話で読むには

「櫻子さんの足下には死体が埋まっている」 太田紫織著　角川書店（角川文庫）　2013年2月【ライトノベル・ライト文芸】

「櫻子さんの足下には死体が埋まっている [2] (骨と石榴と夏休み)」 太田紫織著　角川書店（角川文庫）　2013年5月【ライトノベル・ライト文芸】

「櫻子さんの足下には死体が埋まっている [9] (狼の時間)」 太田紫織著　KADOKAWA（角川文庫）　2016年1月【ライトノベル・ライト文芸】

お仕事さくいん
公務員や安全・法律を
守るお仕事

2024年12月31日　第1刷発行

発行者	道家佳織
編集・発行	株式会社DBジャパン 〒151-0073　東京都渋谷区笹塚1-52-6 千葉ビル1001
電話	03-6304-2431
ファクス	03-6369-3686
e-mail	books@db-japan.co.jp
装丁	DBジャパン
電算漢字処理	DBジャパン
印刷・製本	大日本法令印刷株式会社

不許複製・禁無断転載
〈落丁・乱丁本はお取り替えいたします〉
ISBN 978-4-86140-566-2
Printed in Japan

> 見ると勉強したくなる…
> 　勉強すると実践したくなる…
> 　　そして、実践すると…
> **利用者が喜ぶ図書館ができる！**

国内唯一！

図書館司書が
現場で求められる
　スキル・知識をぐんと伸ばす
オンライン動画サイト…

司書トレ 登場!!

司書トレにアップされた動画は
レクチャーではありません。
何を読んで何を見て
どうやったらスキル・知識が身につくか
経験豊富な講師陣が教えてくれる
動画パス・ファインダーです。

あまり参加の機会がない司書向け研修。
1回話を聞くだけではなかなか自分も職場も
変わらない。

だから司書トレ

司書トレなら
「いつでも」「どこでも」
「何度でも」「PCでもスマホでも」
「どのテーマからでも」

1. **動画で学び方がわかる**
2. **自分のペースで学べる**
3. **実践できる**
4. **振り返ってみてまた学べる**

完璧な学びのサイクルが
すぐできあがる

「司書トレ」スキル・カテゴリー図　抜粋

司書に必要な**スキル・知識**のカテゴリーは合計70以上
今すぐ右の**QR**コードからスマホでカテゴリー図の全体を見てください。

大好評発売中!!
図書館司書のための
動画パス・ファインダー
司書トレ
｜ 1テーマ1動画
約30分 ¥980（税込）
有名講師多数

https://study.shisho.online/

販売元：株式会社DBジャパン